Lese- & Lernprofi 3

Sinnerfassend lesen lernen mit Sofia der Leseeule

Autoren:
Christa Koppensteiner
Christl Meixner

Bildungsmodell Kompetenz Lernen®

Umsetzung der Bildungsstandards

lebensbegleitendes Lernen

österreichisches Know-how

Begabungsförderung

Methoden- und Lerntechniktraining

Differenzierung, Individualisierung

Erklärung der Symbole

Haupttitel

Untertitel

Arbeitsauftrag – zeigt Aufgaben an, die es zu lösen gilt,
die dazugehörigen Lösungen findest du unter dem Lösungssymbol

schwieriger Arbeitsauftrag

Lösung: Lösungssymbol – zeigt an, auf welcher Seite die Lösung zu finden ist

Feld zum Ankreuzen

ST = Standards des Bereiches **„Lesen – Umgang mit Texten und Medien“**

ST (H) = Standards des Bereiches **„Hören, Sprechen und Miteinander-Reden“**

BIST Die Abkürzungen „ST“ und „ST (H)“ begleiten durch das Buch und zeigen Seite für Seite auf, welche Kompetenzen und Standards behandelt werden!

Genaue Erklärung siehe Seite 129!

Lerntipps

Ein Großteil der Lerntipps stammt aus den Büchern:

„Easy Learning 1“, Lerngrundlagen – Wie Lernen funktioniert,

„Easy Learning 2“, Lerntechniken – So lerne ich erfolgreich,

„Easy Learning 3“, Die Praxis – Lernen in den Fachgegenständen,

von Christa Koppensteiner, Verlag GS-Multimedia Wien*, 2006

*seit 2007 Bildungsverlag Lemberger.

*(Lesedifferenzierung möglich)

*(Lesedifferenzierung möglich)

*(Lesedifferenzierung möglich)

*(Lesedifferenzierung möglich)

Übersicht über die Textarten:

Märchen (mittelhochdeutsch maere = Kunde, Bericht)

Märchen beginnen häufig mit den Wörtern: „Es war einmal" ...
Die Handlung ist fantastisch, Tiere können sprechen und es gibt Zauberwesen wie Hexen, Zauberer, Feen und Elfen, die Wünsche erfüllen oder böse Menschen bestrafen. Märchen gibt es schon seit Jahrhunderten. Sie wurden immer wieder weitererzählt. Jeder Erzähler schmückte die Geschichte weiter aus und erfand seine eigene Version[1], deshalb spricht man auch von Volksmärchen.
Märchen wurden erstmals im 19. Jahrhundert von den Brüdern Grimm gesammelt und veröffentlicht. Später haben Dichter wie Hans Christian Andersen oder Wilhelm Hauff neue Märchen erfunden und aufgeschrieben. Diese Märchen nennt man Kunstmärchen.

Version[1] = *Fassung*

Mascha und der Bär, Übung 2, Seite 71

Der Mann, der den Schatten verkaufte, Übung 3, Seite 108

Sagen (Sage v. althochdeutsch saga = Gesagtes)

Sagen sind mündlich überlieferte Erzählungen, deren Inhalt für wahr gehalten wurde oder auf einem wahren Kern basieren. Sie sind realistischer als Märchen, wurden jedoch auch genau wie Märchen im Lauf der Zeit ausgeschmückt und ständig umgestaltet. Sagen sind mit einem bestimmten Ort verbunden oder spielen zu einer genau bestimmten Zeit. Geschichtliche Ereignisse oder Gestalten stehen im Mittelpunkt der Handlung. Oft wird es so sachlich erzählt, dass die Leserin/ der Leser selbst die unglaublichsten Ereignisse als wahr empfindet.

Der Teufel und Katja, Übung 3, Seite 73

Fabeln

Der Begriff Fabel bezeichnet eine Erzählung mit belehrender Absicht, in der vor allem Tiere menschliche Eigenschaften besitzen, die die Leserin/ der Leser erkennen soll (zum Beispiel Neid, Geiz, Dummheit, Klugheit, Großzügigkeit, Hilfsbereitsschaft, Faulheit).

Am Ende kommt es meist zu einer überraschenden Wendung in der Geschichte, der so genannten Schlusspointe[1]. An diese schließt sich häufig eine allgemeingültige Moral[2] an.

Pointe[1] = *(v. französ.: pointe Spitze, aus spätlat.: puncta Stich) ist ein geistreicher überraschender Schlusseffekt*

Moral[2] = *Lehre*

Die Konferenz der Mäuse, Übung 1, Seite 69

Die Stadtmaus und die Landmaus, Übung 1, Seite 103

Die Gans mit den goldenen Eiern, Übung 2, Seite 105

Der aufgeblasene Frosch, Übung 4, Seite 127

Gedichte und Erzählgedichte

Gedichte sind meist kürzere literarische Texte. Sie bestehen oft aus Versen und Strophen, die in einem bestimmten Sprechrhythmus gesprochen werden. Gedichte verwenden eine bildreiche Sprache. Sie sind ursprünglich aus Liedern hervorgegangen. In der Antike begleiteten fahrende Sänger ihren Vortrag auf der „Lyra", einem Saiteninstrument. Man spricht deshalb als Oberbegriff für alle Gedichtformen von der Lyrik. Balladen sind längere, gereimte Gedichte und werden auch häufig Erzählgedichte genannt.

(Die Antike bezeichnet einen Zeitraum des Altertums im Mittelmeerraum etwa von 800 v. Chr. bis ca. 600 n. Chr.)

Die Katze Fanny, Übung 9, Seite 44

Es schneit, Übung 1, Seite 81

Lieber Nikolaus, Übung 2, Seite 82

Einführung

Hallo und herzlich willkommen!

Ich bin Sofia, die Leseeule.

Ich werde dich durch dieses Buch begleiten und dir wichtige Lesetipps geben. Am Ende des Schuljahres wirst du dann schon eine richtige Leseeule sein.

Wer nicht gut lesen kann, findet sich kaum im Leben zurecht. Wir lesen Bücher und Zeitungen genauso wie Gebrauchsanweisungen, Hinweisschilder, die Speisekarte und vieles mehr. Wir lesen nicht nur, um uns zu unterhalten, sondern auch um uns zu informieren und um zu lernen, deshalb ist das Lesen auch so wichtig.

Übung macht den Meister!

Wer ein Musikinstrument erlernt, weiß, dass er viel üben muss. Beim Lesen ist das auch so. Nur wer viel liest, wird auch ein Leseprofi.

Und jetzt geht's los. Viele spannende Geschichten und Aufgaben erwarten dich. Ich wünsche dir viel Spaß!

Deine Sofia

Eingangs-Lesetest

Mit dem folgenden Lesetest kannst du überprüfen, wie gut du momentan Texte, die du gelesen hast, verstehen kannst.

Aufgabenstellung:

- Der Test besteht aus vier Teilaufgaben.
- Löse alle vier Aufgaben und vergleiche anschließend deine Ergebnisse mit den Lösungen!
- Je mehr richtige Antworten du hast, desto besser ist dein Leseverständnis.

Aufgabe 1: Richtig oder falsch?

Lies dir jeden Satz durch und stelle fest, ob die Aussage richtig R oder falsch F ist! Ringle jeweils die zutreffende Aussage ein!

Zeit: 1 Minute

1]	Fische leben auf Bäumen.	R	F
2]	Der Osterhase bringt bunte Ostereier.	R	F
3]	Autos fahren mit Benzin oder Diesel.	R	F
4]	Die Katze bellt laut.	R	F
5]	Auf dem Herd werden Speisen gekocht.	R	F
6]	Seife und Zahnpasta findet man im Badezimmer.	R	F
7]	Erdbeeren sind rot.	R	F
8]	Zu Ostern kommt das Christkind.	R	F
9]	Oma isst gerne Rosen.	R	F
10]	Ein Jahr hat fünf Jahreszeiten.	R	F
11]	Der Elefant ist ein Haustier.	R	F
12]	Die Milch kommt von den Kühen.	R	F
13]	Die Eier kommen von den Schweinen.	R	F
14]	Die Katze hat ein Fell.	R	F
15]	Bananen muss man vor dem Essen schälen.	R	F
16]	Die beste Sicht hat man bei dichtem Nebel.	R	F
17]	Wenn jemand verletzt ist, dann ruft man die Polizei.	R	F
18]	Eine Sonnencreme schützt vor Sonnenbrand.	R	F
19]	Die Katze schnurrt.	R	F
20]	Wer schlecht hört, braucht eine Brille.	R	F

Aufgabe 2: Wörter richtig einsetzen

Lies dir jeden Satz durch und setze das passende Wort ein!

Zeit: 5 Minuten

hängen, abschrecken, schnurrt, fangen, faucht, hören, Dunkelheit

Die Katze ist ein guter Freund des Menschen. Sie mag es, wenn man sie streichelt, und sie ______________, wenn sie sich wohl fühlt. Fühlt sich dagegen eine Katze bedroht, so ______________ sie, sträubt ihr Fellhaar und legt die Ohren zurück. Oft kann sie dadurch Eindringlinge erfolgreich ______________. Hauskatzen sind keine Rudeltiere und folgen daher auch keinem Leittier. Jede Katze geht ihre eigenen Wege. Ihre Lieblingsplätze sucht sie sich am liebsten selbst aus. Die Katze kann bei ______________ sehr gut sehen. Sie lauert lange und ausdauernd auf ihre Beute, um sie dann mit einem Satz zu ______________. Die Katze frisst Mäuse, gelegentlich fängt sie auch Vögel. Damit sie diese nicht so leicht fangen kann, ______________ ihr die Menschen manchmal ein Glöckchen um den Hals. Das ist praktisch. Denn so ist die Katze schon von weitem zu ______________.

Aufgabe 3: Falsche Wörter im Text finden

Im folgenden Text haben sich 10 Wörter eingeschlichen, die nicht in den Text passen, die also keinen Sinn ergeben.

Finde sie und streiche sie durch!

Zeit: 6 Minuten

Es war einmal ein armes frommes Mädchen bunt, das lebte mit seiner Mutter allein, und sie hatten nichts Neues mehr zu essen. Draußen im Wald begegnete dem Kind eine alte Frau. Die alte Frau wusste von der Armut des Mädchens und schenkte ihm ein Töpfchen. Die Frau erklärte rot ihr: „Wenn du zu dem Töpfchen, Töpfchen, koche!‘ sagst, so kocht es guten, süßen Hirsebrei. Und wenn du sagst: ‚Töpfchen steh!‘, so hört es wieder auf zu kochen.“ Das Mädchen hoch freute sich und brachte den Topf trug zu seiner Mutter heim. Nun waren sie vorgestern nicht mehr arm. Sie aßen süßen Brei, sooft sie wollten.

Eines Tages ging das Mädchen aus. Die Mutter kochte brühte sich Hirsebrei, um sich ihm satt zu essen, doch leider fielen ihr die Worte nicht mehr ein, die sie sagen musste, damit das Töpfchen aufhört zu kochen.

So kochte das Töpfchen bellend weiter und weiter und bald waren das ganze Haus und die ganze Straße voller Hirsebrei.

Zum Glück kam dann das Mädchen heim und sagte die Worte: „Töpfchen steh!“, und sofort hörte das schnurrende Töpfchen auf zu kochen. Alle Leute, die in die Stadt wollten, mussten sich jetzt durch den Hirsebrei durchessen.

Aufgabe 4: Den Sinn von Texten wiedergeben

a] Was ist gemeint? Male das richtige Bild an!

Zeit: 2 Minuten

Manchmal sieht man es am Waldrand oder auf einer Wiese stehen, aber normalerweise lebt es im Wald. Es ist sehr scheu. Das Junge heißt Kitz und man darf es nicht anfassen. Der Geruch des Menschen würde die Mutter nämlich vertreiben.

a] der Hase ▢

b] das Huhn ▢

c] das Reh ▢

Zeit: 3 Minuten

b] Wie liegt das Obst?

Die Mutter richtet Obst für einen Obstsalat her. Zuerst wäscht sie einen Apfel, dann wäscht sie eine Birne und dann fünf Erdbeeren. Sie legt das Obst der Reihe nach auf ein Brett. Nachher schält sie noch eine Banane und eine Orange und legt sie zum anderen Obst dazu. Bernd isst die Birne auf. Welches Obst liegt auf dem Brett und in welcher Reihenfolge? Zeichne es, ohne nachzulesen, auf!

Ergebnisse:

Nun vergleiche mit den Lösungen auf Seite 16 und trage deine Ergebnisse hier ein:

Aufgabe 1: Anzahl richtiger Antworten: ______/20

Aufgabe 2: Anzahl richtig eingesetzter Wörter: ______/7

Aufgabe 3: Anzahl der Wörter, die nicht in den Text passen: ______/10

Aufgabe 4: Anzahl richtiger Lösungen: ______/2

Lösungen zum Eingangs-Lesetest

Aufgabe 1: Richtig oder falsch?

1. R (F)	2. (R) F	3. (R) F	4. R (F)
5. (R) F	6. (R) F	7. (R) F	8. R (F)
9. R (F)	10. R (F)	11. R (F)	12. (R) F
13. R (F)	14. (R) F	15. (R) F	16. R (F)
17. R (F)	18. (R) F	19. (R) F	20. R (F)

Aufgabe 2: Wörter richtig einsetzen

hängen, abschrecken, schnurrt, fangen, faucht, hören, Dunkelheit

Die Katze ist ein guter Freund des Menschen. Sie mag es, wenn man sie streichelt und sie **schnurrt**, wenn sie sich wohl fühlt. Fühlt sich dagegen eine Katze bedroht, so **faucht** sie, sträubt ihr Fellhaar und legt die Ohren zurück. Oft kann sie dadurch Eindringlinge erfolgreich **abschrecken**. Hauskatzen sind keine Rudeltiere und folgen daher auch keinem Leittier. Jede Katze geht ihre eigenen Wege. Ihre Lieblingsplätze sucht sie sich am liebsten selbst aus. Die Katze kann bei **Dunkelheit** sehr gut sehen. Sie lauert lange und ausdauernd auf ihre Beute, um sie dann mit einem Satz zu **fangen**. Die Katze frisst Mäuse, gelegentlich fängt sie auch Vögel. Damit sie diese nicht so leicht fangen kann, **hängen** ihr die Menschen manchmal ein Glöckchen um den Hals. Das ist praktisch. Denn so ist die Katze schon von weitem zu **hören**.

Aufgabe 3: Falsche Wörter im Text finden

Es war einmal ein armes frommes Mädchen ~~bunt~~, das lebte mit seiner Mutter allein, und sie hatten nichts ~~neues~~ mehr zu essen. Draußen im Wald begegnete dem Kind eine alte Frau. Die alte Frau wusste von der Armut des Mädchens und schenkte ihm ein Töpfchen. Die Frau erklärte ~~rot~~ ihr: „Wenn du zu dem Töpfchen ‚Töpfchen, koche!' sagst, so kocht es guten, süßen Hirsebrei. Und wenn du sagst: ‚Töpfchen steh!', so hört es wieder auf zu kochen." Das Mädchen ~~hoch~~ freute sich und brachte den Topf ~~trug~~ zu seiner Mutter heim. Nun waren sie ~~vorgestern~~ nicht mehr arm. Sie aßen süßen Brei sooft sie wollten. Eines Tages ging das Mädchen aus. Die Mutter kochte ~~brühte~~ sich Hirsebrei um sich ~~ihm~~ satt zu essen, doch leider fielen ihr die Worte nicht mehr ein, die sie sagen musste, damit das Töpfchen auf-hört zu kochen. So kochte das Töpfchen ~~bellend~~ weiter und weiter und bald waren das ganze Haus und die ganze Straße voller Hirsebrei. Zum Glück kam dann das Mädchen heim und sagte die Worte: „Töpfchen steh!", und sofort hörte das ~~schnurrende~~ Töpfchen auf zu kochen. Alle Leute die in die Stadt wollten, mussten sich jetzt durch den Hirsebrei durchessen.

Aufgabe 4: Den Sinn von Texten wiedergeben

a] das Reh

b] Apfel, fünf Erdbeeren, Banane, Orange;

Übung 1. **Mit allen Sinnen lesen**

Lies Bücher, die dich interessieren! Dann macht das Lesen Spaß!

Damit du verstehst, was du liest, und damit du nachher auch weißt, was du gelesen hast, ist es wichtig, dass du dir den Textinhalt genau vorstellst.

Es ist fast wie beim Fernsehen.
Beim Fernsehen siehst du dir einen Film auf dem Bildschirm an. Beim Lesen soll der Film in deinem Kopf entstehen.

Auch du hast sicher schon einen Film so richtig miterlebt. Du siehst die Bilder, hörst die Stimmen, die Musik und die Geräusche und fühlst so richtig mit den Schauspielerinnen und den Schauspielern mit.

Beim Lesen sollte das auch so sein. Stelle dir alles, was du liest, genau vor! Höre die Stimmen und Geräusche in deinem Kopf und fühle dich in das Geschehen ein! Eine zusätzliche Bereicherung ist es, wenn du auch deinen Geruchs- und Geschmackssinn beim Lesen mit einbeziehst.

Ich zeige dir nun Schritt für Schritt, wie du beim Lesen mit allen Sinnen vorgehen musst.

Kannst du dir alle Sätze bildlich vorstellen? Wenn du ein Wort nicht kennst, dann frag nach, was es bedeutet!

1. Schritt:

Stelle dir die folgenden Sätze bildhaft vor!

- Der Pudel streckt alle vier Beine in die Luft und schläft.
- In der Ferne ist ein Heißluftballon zu sehen.
- Laufen wir um die Wette?
- Kannst du mir bei den Mathe-Hausaufgaben helfen?
- Er ging ganz langsam zur Schule.
- Die Rosen sind wunderschön.
- Der Schifahrer stürzt.
- Die Ampel steht auf grün.

2. Schritt:

Stelle dir die folgenden Sätze, mit den dazugehörigen Geräuschen, Tönen und Stimmen, bildhaft vor!

- Die Biene summt, die Kuh muht und die Katze schnurrt.
- Das Flugzeug braust über sie hinweg.
- Er schreit aus vollem Halse: „Lass mich doch endlich in Ruhe!“
- Sie flüstert: „Los, komm mit!“
- Er hört eine leise Melodie.
- Das Meer rauscht.
- Der kleine Springbrunnen plätschert.
- Die Vögel zwitschern.

Kannst du dir alle Sätze bildlich vorstellen und die Geräusche und Klänge dazu hören?

3. Schritt:

Stelle dir die folgenden Sätze, mit dem dazugehörigen Gefühl, bildhaft vor!

- Die Katze spaziert auf dem heißen Blechdach.
- Susi fühlt sich krank.
- Thomas tut der Kopf weh.
- Er spürt das Gras unter seinen Füßen.
- Der Wind bläst stürmisch und weht ihr die Haare ins Gesicht.
- Das Wasser ist eiskalt.
- Christine streichelt zärtlich die Katze.
- Johannes fürchtet sich im Dunkeln.

Kannst du dir die Sätze bildlich vorstellen, und spüren, wie sich die Dinge anfühlen?

4. Schritt:

Stelle dir die folgenden Sätze, mit dem dazugehörigen Geruch, bildhaft vor! Stelle dir auch vor, wie das Essen schmeckt!

- Im Gasthaus riecht es nach Pizza.
- Mama schnuppert an den Rosen. Oh, die duften aber gut.
- Im Wald riecht es herrlich.
- Silvia sagt: „Hier riecht es nach Kerzenrauch."
- Weihnachtsduft hängt in der Luft.
- Hermann trinkt Kaffee, aber Sieglinde mag lieber Kakao.
- Das Eis schmeckt nach Erdbeeren und Vanille.
- Der Salat schmeckt sauer.

Kannst du dir alle Sätze bildlich vorstellen, den Geruch riechen und das Essen schmecken?

Übung 2. Volltreffer

Lies folgende Geschichte mit allen Sinnen!

Achte beim Lesen darauf, dass du dir die Geschichte wie einen Film vorstellst!

Volltreffer

Manfred hat Geburtstag. Acht Jahre ist er alt und aus diesem Anlass darf er eine Party machen. Zur Party lädt Manfred nur seine besten Freunde ein, alles Jungs aus seiner Klasse. „Warum ladest du nicht auch ein paar Mädchen ein?", fragt seine Mutter. Manfred schüttelt heftig den Kopf. „Kommt nicht in Frage!", sagt er. „Mädchen sind doof."

Bald ist die Party im vollen Gange. Die Jungs spielen im Garten Fußball. Mama hat zwischen den Obstbäumen bunte Girlanden und ein paar Lampions aufgehängt. Unter dem Apfelbaum steht der Tisch mit den Getränken und dem frischen Popcorn. Oma sitzt im Schaukelstuhl und sieht der wilden Bande beim Fußballspielen zu. Thomas schießt gerade. Der Ball fliegt, aber nicht ins Tor, sondern der Oma auf die Nase. Volltreffer! Thomas reißt vor Schreck Mund und Augen sperrangelweit auf und steht wie vom Blitz getroffen auf dem Fußballfeld …

Kannst du dir vorstellen, wie der Garten mit den Lampions und den Girlanden aussieht?

Weißt du wie frisches Popcorn riecht und wie es schmeckt?

Kannst du dir Oma im Schaukelstuhl vorstellen, wie sie vom Ball getroffen wird und wie weh ihre Nase tut?

1. Richtig ☑ oder falsch ☒ ?

a] Thomas hat Geburtstag. ☐
b] Manfred hat Geburtstag. ☐
c] Manfred lädt nur Mädchen ein. ☐
d] Der Tisch mit den Getränken steht unter dem Apfelbaum. ☐
e] Oma sitzt im Gartensessel. ☐
f] Die Jungs spielen im Garten Fußball. ☐
g] Thomas schießt den Ball der Oma auf die Nase. ☐

2. Überlege, wie die Geschichte weitergehen könnte!

3. Kannst du den Text immer noch lesen?

Welcher Buchstabe fehlt?

Volltr_ff_r

Manfr_d hat G_burtstag. Acht Jahr_ ist _r alt und aus di_s_m Anlass darf _r _in_ Party mach_n. Zur Party lädt Manfr_d nur s_in_ b_st_n Fr_und_ _in, all_s Jungs aus s_in_r Klass_. „Warum lad_st du nicht auch _in paar Mädch_n _in?“, fragt s_in_ Mutt_r. Manfr_d schütt_lt h_ftig d_n Kopf. „Kommt nicht in Frag_!“, sagt _r. „Mädch_n sind doof.“

Bald ist di_ Party im voll_n Gang_. Di_ Jungs spi_l_n im Gart_n Fußball. Mama hat zwisch_n d_n Obstbäum_n bunt_ Girland_n und _in paar Lampions aufg_hängt. Unt_r d_m Apf_lbaum st_ht d_r Tisch mit d_n G_tränk_n und d_m frisch_n Popcorn. Oma sitzt im Schauk_lstuhl und si_ht d_r wild_n Band_ b_im Fußballspi_l_n zu. Thomas schi_ßt g_rad_. D_r Ball fli_gt, ab_r nicht ins Tor, sond_rn d_r Oma auf di_ Nas_. Volltr_ff_r!

Thomas r_ißt vor Schr_ck Mund und Aug_n sp_rrang_lw_it auf und st_ht wi_ vom Blitz g_troff_n auf d_m Fußballf_ld.

Der Buchstabe ...... fehlt.

Lösung: siehe Seite 123

Übung 3. **Uri, das Burggespenst**

Lies nun folgende Geschichte und lass einen Film in deinem Kopf entstehen!

Uri, das Burggespenst

In der alten, abgelegenen Burg Spukenfels wohnt schon lange niemand mehr. Niemand außer Uri, dem Burggespenst. Es ist ziemlich langweilig für ein Gespenst, wenn keiner da ist, den es mit einem kleinen Spuk erschrecken kann. So ist Uri dann über die Jahre ein bisschen faul geworden und schläft die meiste Zeit. Jeden Samstag steht Uri jedoch ganz früh auf und sucht in den Stellenanzeigen der Zeitung nach Arbeit. Aber niemand braucht ein Gespenst. Vielleicht liegt es daran, dass Uri immer dieselbe Zeitung studiert, und die ist mittlerweile schon 32 Jahre alt. Alles wird für Uri anders, als eines Tages die Familie Muthmann in die Burg einzieht. Uri freut sich und reibt seine blassen Hände. Vier Menschen und ein Hund – endlich kehrt Leben in die Burg ein und Uri kann wieder spuken!

„Ich fange mit der Wolfsnummer an", sagt Uri. Er wartet, bis es dunkel wird, und dann heult er los wie ein großer Wolf. Nichts passiert. Nur Frido, der Hund, ist aufmerksam geworden: Er läuft auf Uri zu und will mit ihm spielen – aber das ist dem Burggespenst ein bisschen unheimlich.

Schnell flieht Uri in sein Zimmer. Seine Geistertruhe ist randvoll mit bestem Spukzubehör. Uri beschließt, mit dem Kettenrasseln weiterzumachen. „Das hat bisher jeden erschreckt", sagt er sich, als er die Ketten aus der Kiste kramt. Aber Uri ist ziemlich aus der Übung: Die Ketten sind ihm viel zu schwer. So kann er

sicher niemanden erschrecken. Aber so schnell gibt Uri nicht auf. Er findet etwas viel Besseres in der Kiste: eine große, ekelige Gummispinne. Er huscht ins Wohnzimmer und lässt sie an einem Faden vor der Nase der Mutter baumeln. Doch sie erschreckt sich nicht. Uri kann es kaum glauben – sie freut sich sogar über die Spinne! Sie erklärt ihren Kindern: „Spinnen sind sehr nützliche Tiere, sie fressen Mücken und Fliegen.“ Uri rauscht ein bisschen beleidigt mit der Spinne davon. „Jetzt werde ich es bei dem Jungen versuchen“, denkt Uri. Er versteckt sich in einer Ecke. Während er wartet, übt er seine schrecklichsten Fratzen. Damit kann er den Jungen bestimmt erschrecken. Aber als Pascal um die Ecke kommt, zuckt Uri zusammen: Pascal hat seine Monstermaske auf dem Kopf. So etwas Merkwürdiges hat Uri noch nie gesehen! Uri braucht eine Weile, um sich von dem Schreck zu erholen. Dann kramt er eine Knochenhand hervor. „Die ist genau richtig für das Mädchen“, denkt Uri.

Leise schwebt er in Sarahs Zimmer und legt die Hand auf ihre Schulter. Aber Sarah sagt nur: „Pascal, lass doch, ich muss lernen.“ Uri beschließt, einen Trick zu versuchen, mit dem einer seiner Vorfahren berühmt geworden ist: Mit roter Farbe malt er einen großen Blutfleck auf den Teppich. Aber sein Fleck wird gar nicht beachtet! Die Kinder machen mit Tomatenketchup viel größere Flecken und das findet niemand schlimm. Uri ist traurig und weiß nicht mehr weiter. Als Schreckgespenst war er erfolglos. Er nimmt seine Truhe und will Burg Spukenfels für immer verlassen. Und endlich – als die Familie Muthmann Uri ausziehen sieht, erschrecken sich alle fürchterlich. Auf ihr Burggespenst wollen sie auf keinen Fall verzichten!

„Hurra!“, ruft Uri. „Nun habe ich es doch noch geschafft, die ganze Familie zu erschrecken!“ Uri fühlt sich großartig und alle anderen sind froh, dass ihr Spukgespenst bei ihnen bleibt.

Text aus: Alfred Neuwald: Uri, das Burggespenst, Pixi-Serie155 – Nr. 1382, Carlsen Verlag;

Hast du dir die Geschichte gut vorgestellt? Dann beantworte die folgenden Fragen! Hake an! ☑

1. Was bedeutet, Uri flieht in sein Zimmer?

a] Uri flüchtet in sein Zimmer. ☐

b] Uri bleibt in seinem Zimmer. ☐

2. Was versteht man unter Spukzubehör?

a] Sachen, die man zum Spuken braucht, wie zum Beispiel Ketten. ☐

b] Eine große Holzkiste. ☐

3. Was bedeutet: Er übt seine schrecklichsten Fratzen?

a] Er macht ein ganz liebes Gesicht. ☐

b] Er macht ein furchtbar hässliches Gesicht. ☐

4. Was bedeutet ekelig?

a] sehr schön ☐

b] abstoßend, widerlich ☐

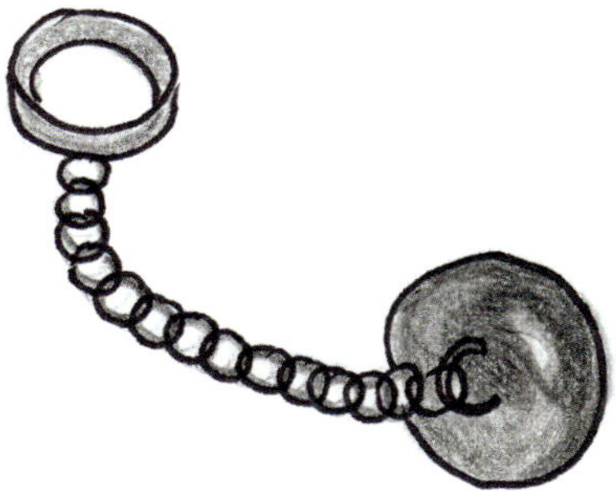

5. Wie heißt das Burggespenst?

a] Nuri ☐

b] Uri ☐

c] Iru ☐

6. Wie heißt die Burg, wo das Burggespenst lebt?

a] Burg Spukenfels ☐

b] Burg Spakenfels ☐

c] Burg Spukenstein ☐

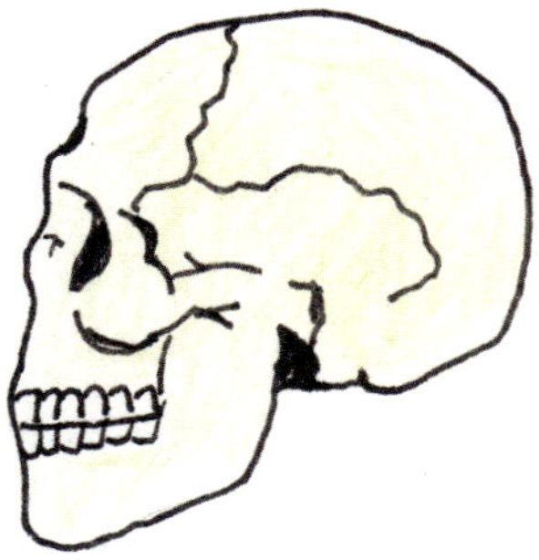

7. Was macht Uri die meiste Zeit?

a] schlafen ☐

b] wandern ☐

c] spuken ☐

8. Wie alt ist die Zeitung die Uri studiert?

a] 23 Jahre ☐

b] 32 Jahre ☐

c] 28 Jahre ☐

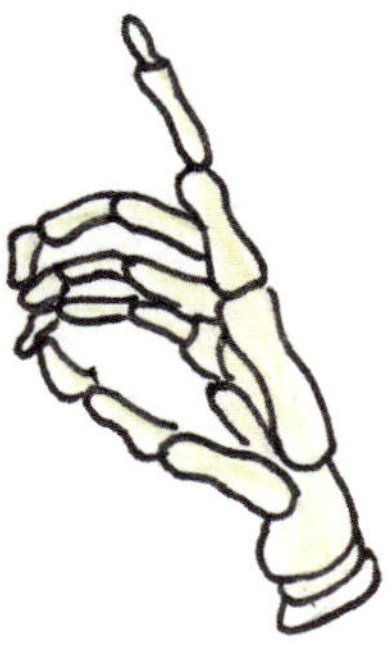

9. Wer zieht in die Burg ein?

a] Familie Mutig ☐

b] Familie Muthfrau ☐

c] Familie Muthmann ☐

10. Was macht Uri daraufhin?

a] Er spinnt. ☐

b] Er spukt wieder. ☐

c] Er ist traurig. ☐

Wenn du dir die Namen aus einer Geschichte schwer merken kannst, dann schreib sie auf! Dadurch merkst du sie dir besser!

11. Was ist mit den Ketten?

a] Die Ketten sind Uri zu hässlich. ☐

b] Die Ketten sind Uri zu lange. ☐

c] Die Ketten sind Uri zu schwer. ☐

12. Wie heißen die Kinder?

a] Pascal und Sarah ☐

b] Peter und Sarah ☐

c] Pascal und Sabine ☐

13. Womit will das Gespenst das Mädchen erschrecken?

a] mit einer Knochenhand ☐

b] mit dem Wolfsgeheul ☐

c] mit einer ekeligen Gummispinne ☐

14. Womit will das Gespenst die Mutter erschrecken?

a] mit dem Kettenrasseln ▢
b] mit einer ekeligen Gummispinne ▢
c] mit einer schrecklichen Fratze ▢

15. Was will Uri machen, weil er als Schreckgespenst erfolglos war?

a] sich für immer verstecken ▢
b] nie mehr spuken ▢
c] die Burg verlassen ▢

16. Immer vier Wörter beschreiben das Gleiche. Finde sie und male sie in der gleichen Farbe an!

Findet Sätze mit den neuen Wörtern!

alt	groß	widerlich
traurig	klapprig	lang
scheußlich	betrübt	steinalt
eklig	greis	unglücklich
bekümmert	riesig	abstoßend
gigantisch	kramen	erklären
klarmachen	stöbern	besprechen
suchen	darlegen	wühlen

Lösung: siehe Seite 123

Übung 4. **Michael auf Schloss Spukenstein**

Wörter, die du nicht verstehst, kannst du dir nicht vorstellen. Was du dir nicht vorstellen kannst, das kannst du dir nicht merken. Deshalb musst du dir ein neues Wort erklären lassen oder seine Bedeutung im Wörterbuch nachschlagen!

Lies folgenden Text aufmerksam durch und stelle ihn dir, wie einen Film, vor! Unterstreiche alle Wörter, die du nicht kennst!

Bitte deinen Lehrer oder deine Lehrerin um eine Erklärung!

Michael auf Schloss Spukenstein

Michael und sein Vater unternahmen eine weite Fahrt mit dem Auto. Sie waren bereits zeitig in der Früh losgefahren, weil sie ihr Ziel noch am selben Tag erreichen wollten. Aber am späten Nachmittag verdüsterte sich plötzlich der Himmel. Ein Gewitter kündigte sich an. Michaels Vater sah sorgenvoll aus dem Autofenster. „Das sieht nicht gut aus", meinte er. „Wir sollten uns besser einen Ort zum Übernachten suchen."

Michael entdeckte einen Wegweiser, der in einen kleinen verschlungenen Weg zeigte. „Schloss Spukenstein - Betten frei", las er laut vor. Michaels Vater bremste und bog in den rumpeligen Weg ein. Er führte steil bergauf. Nach ziemlich langer Zeit tauchte endlich ein altes, düsteres Schloss vor ihnen auf. Es ragte auf einem großen Felsen in den Himmel. In der Dämmerung wirkte es ziemlich groß und ziemlich gespenstisch. „Cool", freute sich Michael. „Das Schloss sieht echt gruselig aus. Bestimmt wird es in meinem Zimmer spuken, schließlich heißt es doch Spukenstein." „Unsinn", meinte sein Vater gereizt. „Gespenster gibt es nicht!" Michael war sich da nicht so sicher,

und schon gar nicht beim Anblick von diesem alten Gemäuer, aber er schwieg.

Michaels Vater mietete zwei Räume und reichte seinem Sohn einen Zimmerschlüssel. „Lass uns erst unseren Koffer auspacken, danach treffen wir uns, um eine Kleinigkeit zu essen“, bestimmte er und ging davon. Michael überlegte, was er nun tun sollte. Den blöden Koffer wollte er auf gar keinen Fall auspacken. Das war doch viel zu langweilig.

„Nicht mal ein Himmelbett“, stellte Michael enttäuscht fest, ließ sich aber gleich in die weichen Kissen fallen. Er war auf einmal todmüde. Er musste wohl kurz eingeschlafen sein, als er plötzlich von einem unheimlichen Geräusch geweckt wurde. „Uuuuaaaahhh“, machte es und ein gespenstiges Wesen schwebte auf einmal über ihm. Michael riss erschrocken die Augen auf und starrte auf das Gespenst. „Ein G-G-Geist“, stotterte er, das Schloss war auf einmal gar nicht mehr cool. Michael zog sich mit schlotternden Knien und starr vor Angst die Bettdecke über den Kopf. Als er endlich den Mut hatte, wieder hervorzulugen, war die Erscheinung verschwunden. Was war das gewesen? Ob das Gespenst noch einmal wieder kommen würde? ...

1. Überlege wie die Geschichte weitergehen könnte! Was glaubst du?

2. Trage die neuen Wörter und die Bedeutung in die Liste ein!

Neues Wort:	Bedeutung:

Übung 5. **Zähne putzen**

Lies langsam und deutlich, wenn du laut liest!

Wenn jemand einen Text vorliest, dann wird er erst durch die richtige Betonung spannend. Dies erreichst du, indem du die Satzzeichen beim Lesen berücksichtigst.

Der Beistrich:

, Pause

Beistriche zeigen dir an, wann du beim Lesen eine kurze Pause einlegen sollst. Sie verschaffen dir auch Zeit um einzuatmen.

Lies die folgenden Sätze und achte auf die Pause beim Beistrich!

- Bei manchen Leuten könnte man glatt einschlafen, wenn sie etwas vorlesen.
- Das Singen, Tanzen und Musizieren machte ihm großen Spaß.
- Er wusste genau, dass er in diesem Versteck nicht sicher war.

Der Punkt:

Stimme nach unten

Steht am Ende eines Satzes ein Punkt, dann gehst du mit der Stimme nach unten und legst eine kurze Pause beim Lesen ein.

Probiere es gleich aus!

- Alle starren neugierig auf das Fußballtor.
- Viele Patienten sitzen im Warteraum.
- Die Katze klettert auf den Baum.

Das Fragezeichen:

Steht am Ende eines Satzes ein Fragezeichen, dann gehst du mit der **Stimme nach oben** und legst eine **kurze Pause** beim Lesen ein.

?
Stimme nach oben

Lies nun die folgenden Sätze richtig!

- Hilfst du mir?
- Wie heißt du?
- Hast du das gesehen?

Das Rufzeichen:

Steht am Ende eines Satzes ein Rufzeichen, dann liest du im **Befehlston** und legst ebenfalls eine **kurze Pause** beim Lesen ein.

!
Befehlston

Mach das doch gleich!

- Reich mir doch bitte das Salz!
- Hör sofort auf!
- Mach endlich deine Hausübung!

Der Doppelpunkt:

Den Doppelpunkt findest du bei einer direkten Rede.

Nach einem Doppelpunkt gehst du mit der Stimme nach unten und machst ebenfalls beim Lesen eine Pause, so wie beim Punkt.

:
Pause

- Er sagte: „Das ist mir doch egal!“
- Sie band das Pferd los und rief: „Lauf schnell los!“
- Sie war außer sich und schrie wütend: „Ich will dich nie wieder sehen!“

Achte nun auf alle Satzzeichen und lies den folgenden Text mit der richtigen Betonung!

Zähne putzen

Also, es gibt da eine Frage, die nervt total: „Hast du dir schon die Zähne geputzt?“ Jeden Tag fragt mich das meine Mutter, so als wäre dies die wichtigste Angelegenheit in meinem Leben. Und wenn ich dann aus dem Bad komme, dann fragt sie mich wieder: „Hast du dir deine Zähne auch ordentlich geputzt? Lass mal sehen!“ Und dann muss ich meinen Mund ganz weit aufmachen, damit meine Mama meine Zähne begutachten kann. Das ist noch nerviger. Aber das Nervigste überhaupt ist, dass ich jedes Mal, wenn ich beim Zähneputzen nicht ordentlich war, die Zähne noch einmal putzen muss. Gut, dass ich wenigstens eine Zahnpasta mit Erdbeergeschmack habe.

Übung 6. **Die Tonlage abwechseln**

Auch wenn du laut liest, vergiss nicht, dir Bilder in deinem Kopf zu machen!

Die richtige Tonlage

Willst du einen Text so richtig spannend vorlesen, dann solltest du nicht nur auf die Satzzeichen achten, sondern auch die Tonlage beim Lesen abwechseln!

Probiere das gleich einmal aus und lies die folgenden Sätze in der jeweiligen Tonlage!

Lies mit höflicher Stimme!
Er antwortete **höflich:** „Aber das mache ich doch gerne!"

Lies mit mürrischer Stimme!
Kevin antwortete **mürrisch**: „Das kannst du selber machen!"

Lies mit lachender Stimme!
Lena **lachte**: „Ha, ha, da hat dir aber jemand einen tollen Streich gespielt!"

Lies mit jammernder Stimme!
Melanie **jammerte**: „Mir tut der Hals so weh!"

Lies mit unfreundlicher Stimme!
Der alte Mann erwiderte **schroff:** „Macht, dass ihr fortkommt!"

Lies mit flüstender Stimme!
Tom **flüsterte**: „Ich habe Angst!"

Lies mit lauter Stimme!
Tina **rief laut** den Namen des Kätzchens: „Lilly, Lilly! Wo steckst du?"

Lies mit piepsender Stimme!
Sie sagte mit **piepsender Stimme**: „Entschuldigung, ich habe den Bus verpasst!"

Lies mit strenger Stimme!
Opa sagte **streng**: „Mach das nie wieder!"

Lerne laut! So merkst du dir deinen Lernstoff besser!

Lesetraining

Textverständnis, Sinnzusammenhang

Übung 1. Was riecht hier so verbrannt?

„Wir kochen dir heute ein feines Mittagessen", sagt Kevin zu Mama. „Du kannst dich in der Zwischenzeit ausruhen." Das lässt Mama sich nicht zweimal sagen. Sie lässt gleich alles liegen und stehen und verschwindet aus der Küche. „Was werdet ihr mir denn servieren?", will sie noch wissen, aber das soll ein Geheimnis bleiben.

Kevin und Papa machen sich an die Arbeit. Naturschnitzel mit Reis soll es geben und dazu grünen Salat. „Den Salat können wir ruhig weglassen", meint Kevin, als Papa das grüne Häuptel aus dem Kühlschrank nimmt. Aber Papa besteht auf den Salat und Kevin muss ihn waschen und schneiden.

Papa brät das Fleisch an, zu lange, wie sich bald herausstellt, denn bald raucht und qualmt es in der ganzen Küche. „Ojemine", denkt Kevin, „ob man da noch etwas essen kann?" „Was riecht hier so verbrannt?", fragt Mama und steckt den Kopf bei der Tür herein. „Raus hier!", schimpft Papa aufgebracht, „du störst die Meisterköche bei der Arbeit!" Da macht sich Mama ganz schnell wieder aus dem Staub.

Bald steht das Essen auf dem Tisch. Das Fleisch schmeckt verbrannt, dem Reis fehlt die Würze und der Salat schmeckt nach gar nichts. Aber Mama nimmt am schön gedeckten Tisch Platz und genießt das Mittagessen, als hätte sie noch nie in Ihrem Leben besser gegessen.

Kannst du dir vorstellen, wie es in der Küche riecht und wonach das Essen schmeckt?

1. Beantworte nun folgende Fragen:

1. Wer kocht?

a] Mama und Kerstin ☐
b] Papa und Kevin ☐
c] Oma und Kevin ☐

2. Was kochen Papa und Kevin?

a] Wiener Schnitzel ☐
b] Naturschnitzel ☐
c] Pariser Schnitzel ☐

3. Für wen kochen sie?

a] für Oma ☐
b] für Opa ☐
c] für Mama ☐

4. Was riecht verbrannt?

a] der Reis ☐
b] der Salat ☐
c] das Fleisch ☐

5. Wie schmeckt der Reis?

a] ihm fehlt die Würze ☐
b] ihm fehlt das Salz ☐
c] ihm fehlt der Pfeffer ☐

Wenn du vor dem Schlafen gehen deinen Lernstoff noch einmal wiederholst, dann merkst du ihn dir besser.

2. Die Schulmaus hat die Sätze durcheinander gebracht.

Kannst du sie richtig lesen und nummerieren?

a] Kevin machen sich und Papa an die Arbeit.
b] Es mit Reis und Salat soll Naturschnitzel geben.
c] Das Fleisch verbrannt. ist
d] Dem die Würze. Reis fehlt
e] Mama am schön gedeckten Tisch nimmt Platz.

3. Kannst du den Text noch lesen?

KEVINUNDPAPAMACHENSICHANDIEARBEIT.ESSOLL
NATURSCHNITZELMITREISUNDSALATGEBEN.DAS
FLEISCHISTVERBRANNT.DEMREISFEHLTDIEWÜRZE.
MAMANIMMTAMSCHÖNGEDECKTENTISCHPLATZ.

4. Wer sagt denn die folgenden Sätze, Kevin, Mama oder Papa?

Schreibe auf jede Zeile den passenden Namen!

a] „Wir kochen dir heute ein feines Mittagessen."

____

b] „Du kannst dich in der Zwischenzeit ausruhen."

____

c] „Was werdet ihr mir denn servieren?"

____

d] „Den Salat können wir ruhig weglassen."

____

e] „Was riecht hier so verbrannt?"

____

f] „Raus hier, du störst die Meisterköche bei der Arbeit!"

____

5. In diesem Text fehlt der Buchstabe a.

Kannst du diesen Text noch lesen?

W___s riecht hier so verbr___nnt?

„Wir kochen dir heute ein feines Mitt___gessen", s___gt Kevin zu M___m___. „Du k___nnst dich in der Zwischenzeit ___usruhen." D___s lässt M___m___ sich nicht zwei-m___l s___gen. Sie lässt gleich ___lles liegen und stehen und verschwindet ___us der Küche. „W___s werdet ihr mir denn servieren?", will sie noch wissen, ___ber d___s soll ein Geheimnis bleiben.

6. Texte vergleichen - Lies genau! In der rechten Spalte haben sich 15 Fehler eingeschlichen. Finde sie und kreise sie ein!

„Wir kochen dir heute ein feines Mittagessen“, sagt Kevin zu Mama. „Du kannst dich in der Zwischenzeit ausruhen.“ Das lässt Mama sich nicht zweimal sagen und verschwindet gleich aus der Küche. „Was werdet ihr mir denn servieren?“, will sie noch wissen, aber das soll ein Geheimnis bleiben. Kevin und Papa machen sich an die Arbeit. Naturschnitzel mit Reis soll es geben und dazu grünen Salat. „Den Salat können wir ruhig weglassen“, meint Kevin, als Papa das grüne Häuptel aus dem Kühlschrank nimmt. Aber Papa besteht auf den Salat und Kevin muss ihn waschen und schneiden. Papa brät das Fleisch an, zu lange, wie sich bald herausstellt, denn bald raucht und qualmt es in der ganzen Küche. „Ojemine“, denkt Kevin, „ob man da noch etwas essen kann?“ „Was riecht hier so verbrannt?“, fragt Mama und steckt den Kopf bei der Tür herein. „Raus hier!“, schimpft Papa aufgebracht und Mama verschwindet gleich wieder. Bald steht das Essen auf dem Tisch. Das Fleisch schmeckt verbrannt, dem Reis fehlt die Würze und der Salat schmeckt nach gar nichts. Aber Mama nimmt am schön gedeckten Tisch Platz und genießt das Mittagessen.

„Wir kochen dir heute ein heißes Mittagessen“, sagt Papa zu Mama. „Du kannst dich in der Zwischenzeit ausruhen.“ Das lässt Mama sich nicht dreimal sagen und verschwindet gleich aus der Küche. „Was werdet ihr mir dann servieren?“, will sie noch wissen, aber das soll ein Geheimnis bleiben. Kevin und Papa machen sich an die Arbeit. Gepfefferte Naturschnitzel mit Reis soll es geben und dazu grünen Kohl. „Den Salat können wir ruhig weglassen“, meint Kevin, als Papa das grüne Häuptel aus der Kühlvitrine nimmt. Aber Opa besteht auf den Salat und Kevin muss ihn waschen und putzen. Papa brät das Fleisch an, zu lange, wie sich bald herausstellt, denn bald raucht und qualmt es in der großen Küche. „Ojemine“, denkt Kevin, „ob man da noch etwas essen kann?“ „Was riecht hier so gut?“, fragt Mama und hält den Kopf bei der Tür herein. „Raus hier!“, schimpft Papa wütend, und Mama verschwindet gleich wieder. Bald steht das Essen auf dem Tisch. Das Fleisch schmeckt köstlich, dem Reis fehlt die Marinade und der Salat schmeckt nach gar nichts. Aber Oma nimmt am schön gedeckten Tisch Platz und isst das Mittagessen.

Lösung: siehe Seite 123

Übung 2. **Gesunde Zähne**

Lies den folgenden Text und setze die fehlenden Wörter richtig ein!

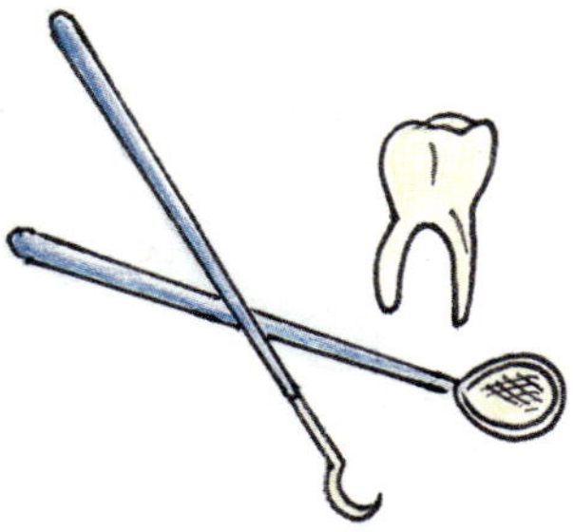

Gemüse	gesund	putzen	Naschereien
heiß	Tee	Zahnpasta	Mund

1. Gesunde Zähne

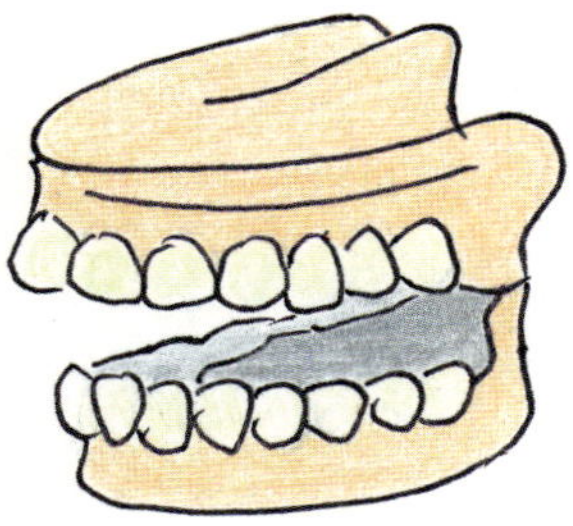

Um die Zähne ______________ zu erhalten, solltest du sie zweimal täglich ______________. Zum Zähneputzen brauchst du eine Zahnbürste, ______________ und einen Becher. In den Becher füllst du Wasser und spülst damit nach dem Putzen den ______________ aus. Neben dem täglichen Zähneputzen musst du dich auch gesund ernähren. Iss viel Obst, ______________ und Vollkornprodukte und verzichte auf ______________. Ganz wichtig ist auch, dass du ausreichend trinkst, besonders wenn es draußen ______________ ist. 1 – 2 Liter Flüssigkeit pro Tag sind ideal. Trinke am besten Wasser, ______________ oder verdünnte Fruchtsäfte.

Ernähre dich gesund und trinke viel Wasser, dann kannst du dich besser konzentrieren!

2. Kannst du lange Wörter lesen?

Zahn	gesund
Zahnarzt	Gesundheit
Zahnarzthelferin	Gesundheitsamt
Zahnputzbecher	gesundheitsschädigend
Zahnfleischentzündung	Gesundheitsvorsorge
Zahngesundheitserziehung	

3. Schau genau! In jeder Zeile ist ein Wort anders. Kreise es ein!

Zahn Zahn Zahn Zahn Zahn Zuhn Zahn Zahn Zahn Zahn

putzen putzen putzen putzen putzen putzen petzen putzen

Gemüse Gemüse Gemüse Genüse Gemüse Gemüse Gemüse

täglich täglich täglich täglich täglich täglich taglich täglich

4. Schau genau! In jeder Zeile ist nur ein Wort richtig. Kreise es ein!

Zähnepotzen Zähnepatzen Zähneputzen Zähnepitzen

Mand Mind Mend Mend Mind Mund Mand Mend

Wosser Wisser Wesser Wusser Wasser Wisser Wosser

trenken trunken tronken trenken trinken trunken tronken

5. Du möchtest wissen, was du tun musst, um deine Zähne gesund zu erhalten. Überlege einmal, welche Wörter in einem Text vorkommen könnten, die mit deiner Frage zu tun haben. Drei Wörter passen nicht. Streiche sie durch!

bunt	gesund	Obst
Zahnpasta	Zähneputzen	Ernährung
Wiese	Vollkornprodukte	Naschereien
Zahnarzt	Salat	Tasse
Mundwasser	Zahnbürste	Zahnseide
Gemüse	Zahnkaugummi	Karies

Lösung: siehe Seite 123

Übung 3. Wer macht was?

1. Jeweils zwei Kästchen gehören zusammen. Male sie in der gleichen Farbe an!

Opa liest	Mark spielt	Verena steht	Thomas klettert
Oma strickt	Susi trinkt	Die Katze schläft	Der Hund
unter der Dusche	eine Zeitung	mit dem Ball	auf den Baum
bellt laut	einen Pullover	ein Glas Saft	auf dem Sofa

2. Jeweils zwei Kästchen gehören zusammen. Male sie in der gleichen Farbe an!

Melanie malt	David spielt	Theresa macht	Klaus spitzt
Oma bäckt	Mama trinkt	Michael sitzt	Claudia schreibt
Fußball	ein Bild	die Hausübung	seinen Bleistift
einen Kuchen	eine Tasse Kaffee	vor dem Fernseher	einen Brief

Je mehr und je öfter du liest, desto besser wirst du im Lesen und desto mehr Spaß macht es!

3. Nur ein Wort in jeder Zeile hat einen Sinn. Finde es und male es an!

bemerkan	bamerken	bemerken	bimerkun
erholten	erhulten	erheilten	erhalten
antwarten	antwurten	antworten	antwierten
unterstruchen	unterstrachen	unterstriggen	unterstreichen

Lösung: siehe Seite 123/124

Übung 4. **Dieser Reim klingt wunderbar!**

1. Setze die fehlenden Reimwörter richtig ein!

Maus Rose Haus Hose Berg Zwerg Topf Knopf Tuch Kanne
Baum Kuh Nase Klee Buch Wanne Schuh Hase Traum Schnee

1. Der Hans trägt eine schöne _______________ und bringt der Mutter eine _______________.

2. Lisa hat eine weiße _______________ die schläft in einem kleinen _______________.

3. Auf einem hohen _______________, da wohnt ein schlauer _______________.

4. Mama hat einen grünen _______________. An ihrer Bluse fehlt ein _______________.

5. Der Vater liest ein _______________. Und Steffi versteckt sich unter einem _______________.

6. Der Tee kocht in der _______________. Und ein Fisch schwimmt in der _______________.

7. Im Garten wächst ein großer _______________. Und Lisa hat einen schönen _______________.

8. Auf der Wiese grast eine _______________. Und daneben liegt ein brauner _______________.

9. Tobias juckt die _______________. Im Stall, da sitzt ein _______________.

10. Im Winter fällt der _______________. Auf der Wiese wächst der _______________.

Lösung: siehe Seite 124

BIST ST 1, 2, 3; ST (H) 1

Übung 5. Leserätsel

1. Was ist gemeint? Male das richtige Bild an!

Das Fahrzeug wird nur von einer Person gelenkt.

Damit transportiert man Menschen.

Es können ziemlich viele Fahrgäste mitfahren.

Damit fährt man auf der Straße.

a] der Autobus ▢

b] das Schiff ▢

c] der LKW ▢

2. Was ist nun gemeint?

Es ist sehr gesund und schmeckt süß.

Es ist rund und wächst auf Bäumen.

Es kann gelb, grün oder rot sein.

a] der Apfel ▢

b] die Banane ▢

c] die Orange ▢

Lösung: siehe Seite 124

Übung 6. **Tierrätsel**

1. Welches Tier ist gemeint?

Es hat keine Stoßzähne.

Es ist sehr klug, obwohl immer das Gegenteil behauptet wird.

Man kann nicht darauf reiten.

a] das Pferd ☐ b] das Schwein ☐ c] der Elefant ☐

2. Welches Tier ist nun gemeint? Male das richtige Bild an!

Sie sind Fleischfresser und greifen ihre Beute mit den scharfen Krallen.

Sie bauen kein Nest, sondern brüten dort, wo es ihnen gefällt.

Sie sind nachts unterwegs. Wenn es dunkel wird, wachen sie auf und beginnen zu jagen. Sie können ausgezeichnet hören und sehen.

a] der Pinguin ☐ b] die Eule ☐ c] der Vogel ☐

Lösung: siehe Seite 124

Übung 7. **Alles über den Clown**

Suche dir deinen Lesestoff selber aus und lies Bücher, die dich interessieren!

1. Sieh dir das Bild an und entscheide, ob die Sätze richtig ☑ oder falsch ☒ sind.

a] Der Clown trägt eine Krawatte. ☐

b] Der Clown hält eine Trompete in der Hand ☐

c] Der Clown trägt eine blaue Hose. ☐

d] Der Clown trägt grüne Schuhe. ☐

e] Der Clown trägt rote Handschuhe. ☐

f] Der Clown hat rote Haare. ☐

2. Sind die Sätze richtig Richtig ☑ oder falsch ☒ ?

a] Ein Clown ist ein Spaßmacher. ☐

b] Ein Clown ist immer traurig. ☐

c] In jedem Zirkus gibt es Clowns. ☐

d] Clowns sind immer bunt angezogen. ☐

e] Manchmal gibt es auch Clowns in Krankenhäusern. ☐

f] Ein Clown ist immer schwarz angezogen. ☐

Lösung: siehe Seite 124

Übung 8. Verschiedene Berufe

Frage nach, wenn du ein Wort nicht verstehst, und lass es dir erklären!

1. Ergänze die Sätze sinnvoll!

a]	Die Sekretärin	schreibt Briefe. kocht Mittagessen. räumt auf.
b]	Der Buchhalter macht	die Buchhaltung. den Abwasch. Kuchen.
c]	Die Buchhändlerin verkauft	Stoffe. Bücher. Geschirr.
d]	Die Lehrerin unterrichtet	Rosen. Katzen. Schüler.
e]	Die Mechanikerin repariert	Fahrzeuge. Küchengeräte. Computer.
f]	Der Landwirt mäht	die Wiesen. die Wälder. das Obst.
g]	Der Drucker erzeugt	Bücher. Milch. Käse.
h]	Der Fliesenleger verlegt	Dachziegel. Holzfußböden. Fliesen.
i]	Der Gärtner bindet	Heu. Blumen und Kränze. Schuhbänder.
j]	Der Arzt behandelt	Katzen. Patienten. Vögel.
k]	Die Autorin schreibt	Briefe. Bücher. Einkaufslisten.

l]	Der Friseur schneidet	Haare Blumen Papier
m]	Der Baumeister baut	Autos Möbel Häuser

2. Wie heißt das Gegenteil von:

alt	____________	offen	____________
gebraucht	____________	gesund	____________
schnell	____________	reich	____________
stark	____________	dumm	____________
geschickt	____________	dick	____________
faul	____________	heiß	____________
schlecht	____________	eng	____________
dunkel	____________	glatt	____________
hart	____________	hell	____________
hässlich	____________	oben	____________
drinnen	____________	spitz	____________
langweilig	____________	billig	____________
weiß	____________	groß	____________

Schreibe die neuen Wörter in deine Wörterliste hinten im Buch!

Lösung: siehe Seite 124

Übung 9. Die Katze Fanny

1. Setze die fehlenden Reimwörter richtig ein!

aus	her	Haus	anzusehen	meine	dir
lassen	sehr	toll	nutzen	Katzendame	

Fanny ist mein Name
Ich bin eine _______________.
Den ganzen Tag schlafe ich mich _______________, nur
nachts schleich ich mich aus dem _______________.
Miau, Miau

Mein Frauchen mag mich wirklich sehr und gibt mich
sicher nicht mehr _______________.
Dem Goldfisch kann ich nicht widerstehen, es genügt mir
nicht, ihn nur _______________.
Miau, Miau

Hab ich den Goldfisch im Visier* sagt Frauchen immer:
„Raus mit _______________!“
Ich krieg den Goldfisch nicht zu fassen, und muss ihn
wohl in Ruhe _______________.
Miau, Miau

Achte auf die Betonung beim Vorlesen eines Gedichtes!

*jemanden im Visier haben = *jemanden genau beobachten*

Streich ich dem Frauchen um die Beine, weiß sie schon genau was ich ______________.
Dann ist mein Futternapf nämlich leer und der Hunger quält mich schon so ______________.

Miau, Miau

Bin ich satt, so muss ich mich putzen und die Zeit für die Katzenwäsche ______________.
Mein Frauchen streichelt mich liebevoll und ich schnurre dann ganz ______________.

Miau, Miau

Bewege dich viel und oft, am besten an der frischen Luft, denn Bewegung macht klug!

2. Hier sind Wörter im Text, bei denen die Buchstaben durcheinander gepurzelt sind. Kannst du den Text trotzdem lesen? Bring die Buchstaben in die richtige Reihenfolge!

Wenn du dich entschließt, eine **Kztae** ___________ in deinen Haushalt aufzunehmen, musst du auch bereit sein, die Verantwortung für das **Teir** ___________ zu übernehmen und es artgerecht zu halten. Katzen werden zu den Raubtieren gerechnet. Das musst du berücksichtigen, wenn du die Katze verstehen willst. Katzen jagen gerne und streunen auch nachts umher, weil sie in der **Dnukleieht** ___________ gut sehen können. Ihre Lebenserwartung liegt zwischen 10 und 16 Jahren, manche Katzen werden aber auch bedeutend **ätelr** ___________. Mit der Anschaffung einer Katze bekommst du nicht nur einen verspielten und aufmerksamen Hausgenossen, mit dem du viel **Fduere** ___________ haben wirst. Recht häufig sind sie auch ziemlich eigenwillig und machen nur, was sie wollen.

Lösung: siehe Seite 124

Übung 10. **Viele Schulsachen**

1. Sieh dir das Bild an und entscheide, ob die Sätze richtig ☑ oder falsch ☒ sind!

a] Auf dem Bild befinden sich Schulsachen. ☐

b] Die Schere ist orange. ☐

c] Die Federschachtel ist grün. ☐

d] Links hinten auf dem Bild befindet sich ein Tennisschläger. ☐

e] Auf dem Bild ist auch eine Tube Klebstoff zu sehen. ☐

f] Rechts unten im Bild sieht man einen Radiergummi. ☐

g] In der Mitte liegt ein Leuchtstift ☐

2. Ziehe Verbindungslinien zwischen den Satzteilen, die zusammengehören!

In die Füllfeder	in ihr Heft.
Die Schultasche	das Bild aus der Zeitung aus.
Petra schreibt die Hausübung	kopfrechnen.
Thomas schneidet mit der Schere	gehört eine Tintenpatrone.
Klaus kann sehr gut	trägt man auf dem Rücken.

Lösung: siehe Seite 124

Übung 11. Verrückte Sätze

1. Was ist denn hier los? Lies die verrückten Sätze!

Der Vater gibt dem kleinen Philipp ein Glas Wein.
Das Baby bekommt einen großen Hunde-Knochen.
Fritz springt mit der Badehose in den Schnee.
Die Katze Mauz spielt mit dem Computer.
Mutter kocht auf dem Fußballplatz.
Die Delfine schwimmen im Waschbecken.
Mutter wäscht die Wäsche im Fernseher.
Katharina sieht sich einen Film in der Waschmaschine an.
Die Katze bellt laut.
Der Hund bekommt das Fläschchen.

Wer viel liest, regt seine Fantasie an und hat bessere Ideen und Einfälle.

2. Lies den Satzanfang und finde den passenden Schluss!

Der Vater gibt dem kleinen Philipp ...
Das Baby bekommt ...
Fritz springt mit der Badehose ...
Die Katze Mauz spielt mit ...
Mutter kocht ...
Die Delfine schwimmen im ...
Mutter wäscht die Wäsche ...
Katharina sieht sich einen Film ...
Die Katze ...
Der Hund bekommt ...

3. Lies den Satzanfang und finde einen lustigen Schluss!

Das Schiff fährt ...
Die Katze klettert ...
Bodo, der Hund, liegt ...
Der Löwe spaziert ...

Übung 12. **Wo sind die Mäuse?**

Durch das Lesen lernst du viele Dinge ganz nebenbei, wie zum Beispiel die Rechtschreibung.

1. Male das richtige Wort bunt an und streiche das falsche durch!

1] Eine Maus sitzt auf | im Stiefel.

2] Das Mäusebild hängt an | auf der Wand.

3] Eine Maus sitzt unter | neben der Kappe.

4] Eine Maus sitzt neben | in der Schultasche.

5] Eine Maus sitzt auf | hinter dem Sack.

6] Eine Maus sitzt vor | auf dem Käse.

7] Eine Maus sitzt auf | vor dem Ball.

Lösung: siehe Seite 124

Übung 13. Kurzcomic „Goofy“

Quelle = *Walt Disney Micky Maus, Heft Nr. 3, 1993, Walt Disneys Goofy*

1. Wie heißt die wichtigste Figur (Hauptfigur) in der Geschichte, und um welches Tier handelt es sich?

____

2. Was passiert in der Geschichte? richtig ☑ oder falsch ☒ ?

a] Goofy war im Theater. ☐
b] Goofy war im Kino. ☐
c] Goofy war im Autokino. ☐
d] Goofy trifft seine Freunde. ☐
e] Goofy erzählt begeistert von dem Film, den er gesehen hat. ☐
f] Goofy hat der Film nicht gefallen. ☐
g] Goofy ist bis zum Ende geblieben. ☐
h] Goofy ist mit dem Auto weg gefahren. ☐
i] Goofy ist gegangen. ☐
j] Goofy hat sein Auto vergessen. ☐
k] Goofy hat sein Auto einfach stehen lassen. ☐

Auch wenn du Comics liest, förderst du dein Leseverständnis!

3. In der folgenden Wörterschlange kommt das Wort „Zeichentrickfigur“ mehrmals vor. Finde und unterstreiche es!

LesenSpaßZeichentrickfigurlachenGoofyZeichnung
BuchseiteHeftlustigUnterhaltungspannendAbwechslung
ZeichentrickfigurlernenwichtigspaßigZeichentrickfigur
FreudeBuchSchuleLehrerAufgabeHausübungKinder
MitschülerTafelKreideLehrerinElternSchultasche
BleistiftSchreibtischrechnensingenZeichentrickfigur
musizierenschreibenUnterrichtbastelnlesentanzensingen
turnenrechnenspielenlernenZeichentrickfigurmalenBuch
HefteSchultascheFederpennalFüllfederLeseverständnis

4. Hier sind die Bilder durcheinander geraten! Bringe sie, ohne nachzusehen, in die richtige Reihenfolge!

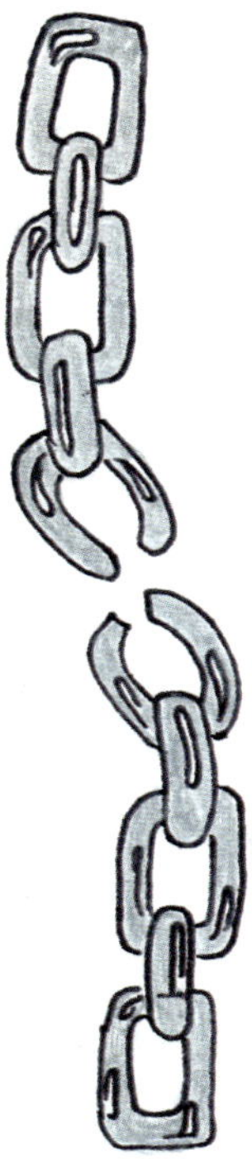

5. Die folgenden Wörter helfen dir, Sätze miteinander zu verbinden. Setze sie richtig ein!

als, außerdem, in diesem Moment, sofort, deswegen, auf einmal, deshalb, plötzlich, augenblicklich, später

Es war gerade einmal 4.00 Uhr morgens, __________ ich aufschreckte und kerzengerade in meinem Bett saß. Was war das gewesen? Hatte da nicht gerade jemand an die Fensterscheibe geklopft. __________ zog ich mir die Bettdecke über den Kopf. __________ hielt ich mir auch noch die Ohren zu. Aber das hielt ich nicht lange aus. Mir wurde heiß, __________ lugte ich dann doch wieder vorsichtig unter meiner Bettdecke hervor. __________ __________ hörte ich wieder ein Klopfen an meinem Fenster. Diesmal war es ganz deutlich zu hören. Ich hatte schreckliche Angst, deshalb zog ich __________ wieder die Decke über den Kopf. So ging es nicht weiter. __________ sprang der Fensterflügel auf. Der Wind hatte ihn wohl aufgestoßen. __________flog etwas in mein Zimmer. Jetzt war es genug. __________ sprang ich aus dem Bett und rannte zu meiner Mutter. __________ stellte sich heraus, dass ein Rabe in mein Zimmer geflogen war.

6. Hattest du auch schon einmal ein Erlebnis, bei dem du dich gefürchtet hast oder das besonders spannend war? Erzähle davon!

Lösung: siehe Seite 124/125

Textverständnis, Anweisungen aus einem Text entnehmen

Übung 1. Ein lustiger Clown

1. Lies die Anweisung genau durch und zeichne den Clown fertig!

Der Clown trägt einen dunkelblauen Hut. Auf dem Hut sind Herzen drauf. Seine Nase ist rot. Um den Hals trägt er eine gelbe Masche. Die Knöpfe sollen eine rosa Farbe bekommen. Male sein Gewand links blau und rechts grün an! Die Schuhe des Clowns sind schwarz. In der linken Hand hält er einen hellblauen Luftballon. In der rechten Hand hält er einen dunkelblauen Luftballon.

2. Lies die Anweisungen und zeichne das Bild fertig!

Der Korb hat eine dunkelbraune Farbe. Der Mais soll gelb werden und seine Blätter grün. Im Korb befindet sich nicht nur eine, sondern zwei grüne Gurken. Male einen Paprika grün und einen gelb an! Male auch die Karotte in der richtigen Farbe an! Die Kartoffeln sind hellbraun, genau wie die Zwiebel. Zum Schluss gib dem Salat noch eine grüne Farbe!

Übung 2. Wie stehen die Kleinbusse?

Durch diese Übungen förderst du besonders dein bildhaftes Vorstellungsvermögen.

Lies die Anweisungen ganz durch! Versuche die Kleinbusse wirklich in deinem Kopf zu sehen! Male sie dann in der richtigen Farbe an!

1. Auf dem Parkplatz stehen vier Kleinbusse.
   Jeder Kleinbus hat eine andere Farbe. Der Kleinbus links außen ist gelb! Der Kleinbus rechts außen ist dunkelblau! Neben dem gelben Bus steht ein roter und nach diesem steht ein grüner Bus!

2. Nach einer Weile fährt der grüne Bus weg und es parkt sich ein hellblauer Kleinbus ein!
   Wie stehen die Busse jetzt?

Lösung: siehe Seite 125

Textverständnis, genaues Lesen, Konzentration

Übung 1. Bibi Blocksberg – Die verhexte E-Mail

Es war Wochenende. Bibi und ihr Vater Bernhard saßen am Esstisch der Blocksbergs. Bibi blätterte in einer Zeitschrift und Bernhard arbeitete. Bei ihm im Büro stapelten sich zurzeit die Akten, und Bernhard hatte daher einen Computer mit nach Hause genommen, um in aller Ruhe ein paar Dinge aufzuarbeiten. „Papa, jetzt hör doch endlich auf! Es ist Sonntag“, maulte Bibi. „Hast Recht“, seufzte Bernhard und stellte den Computer aus. „Morgen ist auch noch ein Tag.“ Bibi erhob sich vom Tisch. „Ich mache dir jetzt einen schönen, starken Kaffee“, schlug sie vor, „und dann spielen wir ‚Hexe ärger dich nicht‘.“ Bernhard lachte. „Aber ohne Hexen und Mogeln, sonst hat dein alter Vater überhaupt keine Chance!“

In diesem Moment kam Barbara Blocksberg nach Hause. Sie stellte ihren Besen Baldrian in die Ecke und ließ sich in einen Sessel fallen. „Puuh!“, stöhnte sie. „Ich bin total erledigt.“ Seit ein paar Tagen nahm sie an einem Computerkurs für Hexen teil. Als Hexe von heute musste sie schließlich auch mit den Errungenschaften der modernen Technik vertraut sein. „Ich hatte vollkommen vergessen, wie anstrengend Lernen ist“, fuhr sie fort. „Sag ich doch immer“, grinste Bibi. „Na, na“, warf Bernhard ein, „einen Computer bedienen kann doch heute jedes Kind.“

Computerkurse für Hexen

Barbara winkte ab. Ihr Mann mochte sich zwar auf seinem PC gut auskennen, aber welche Möglichkeiten sich damit für eine Hexe boten, davon hatte er nun wirklich keine Ahnung.

Sie zog ein dickes Buch aus ihrer Tasche. „Bibi“, sagte sie und hob das Buch hoch, „das ist ein Computer-Codebuch für Hexen. Es ist ausschließlich für Hexen bestimmt, die Erfahrung im Umgang mit Computern haben. Du musst mir daher fest versprechen, dieses Buch niemals anzurühren.“ Bibi nickte. „In Ordnung, Mami“,

versprach sie. „Aber ein bisschen was kann ich auch schon auf dem PC“, fuhr sie stolz fort. „Hat Flori mir beigebracht. Ich weiß zum Beispiel schon, wie man ins Internet kommt oder eine E-Mail abholt und versendet.“ „Auch dabei kann so manches passieren“, warnte Barbara. „Also noch mal: Hände weg von meinem Code-Buch!“

Am Nachmittag des folgenden Tages flog Barbara Blocksberg zu der alten Mania, um dieser von der Computerschulung zu berichten. Bibi war allein zu Hause und langweilte sich. Sie setzte sich an Bernhards Computer. „Mal sehen, ob Papi Post hat“, murmelte sie. In diesem Moment klingelte es an der Haustür. Es war Bibis Freund Florian. „Ich hab mir eben ein neues Computerspiel besorgt“, sagte er. „Hast du Lust, mit zu mir zu kommen? Wir könnten es dann zusammen spielen.“ „Wir haben jetzt auch einen Computer“, erwiderte Bibi. „Das heißt“, räumte sie ein, „eigentlich gehört er uns nicht, Papi hat ihn nur ausgeliehen.“ „Echt?“, neugierig folgte Florian Bibi ins Esszimmer.

Eine E-Mail für Blocksbergs

„Ihr habt eine E-Mail“, sagte Florian und deutete auf den Bildschirm. Dann beugte er sich vor. „Sieht ja komisch aus!“ „Wieso?“, fragte Bibi.

„Na guck doch mal!“, fuhr Florian aufgeregt fort und berührte mit der Nasenspitze fast den Monitor. „Da stehen lauter Zeichen und keine Buchstaben.“ Bibi drängte ihren Freund zur Seite. Tatsächlich! Nun sah sie es auch. Der Bildschirm zeigte im Feld der neu eingegangenen Post eine Reihe geheimnisvoller Symbole. ...

Textausschnitt und Bilder aus Bibi Blocksberg und ihre Freunde „Die verhexte E-Mail“, Barbara Madee, XENOS Verlagsgesellschaft mbH, 22339 Hamburg, 2001

Beantworte nun die Fragen zum Text ohne nachzulesen!

1. Welcher Tag ist?

a] Sonntag ☐
b] Samstag ☐
c] Dienstag ☐

Lies vorher die Inhaltsangabe auf dem Buchumschlag bevor du es aussuchst!

2. Was hat Bernhard vom Büro mit nach Hause genommen?

a] einen Fernseher ☐
b] einen Computer ☐
c] einen Kassettenrekorder ☐

3. Was macht Bibi für Papa?

a] einen schönen starken Tee ☐
b] einen schönen starken Kakao ☐
c] einen schönen starken Kaffee ☐

4. Was spielen sie?

a] Hexe ärger dich nicht ☐
b] Hexe spring über den Zaun ☐
c] Hexentanz ☐

5. Wer kommt nach Hause?

a] Bernhard Blocksberg ☐
b] Barbara Blocksberg ☐
c] Birgit Blocksberg ☐

6. Wie heißt der Besen von Barbara Blocksberg?

a] Bastian ☐
b] Baldrian ☐
c] Dagobert ☐

7. An welchem Kurs nimmt Barbara Blocksberg teil?

a] an einem Kochkurs ☐
b] an einem Computerkurs ☐
c] an einem Tanzkurs ☐

8. Welches Buch darf Bibi niemals anrühren?

a] das Computer-Codebuch ☐
b] das Computer-Handbuch ☐
c] das Computer-Telefonbuch ☐

9. Wer hat Bibi beigebracht, mit Computern umzugehen?

a] Ferdi ☐
b] Flori ☐
c] Fabi ☐

Viele lustige Geschichten mit der kleinen Hexe Bibi Blocksberg findest du in einer Buchhandlung oder Bücherei!

10. Wohin fliegt Barbara Blocksberg am Nachmittag des folgenden Tages?

a] zur alten Mania ☐
b] zur alten Maria ☐
c] zu einem alten Mann ☐

11. Wer klingelt an der Tür?

a] Bibis Freund Ferdinand ☐
b] Bibis Freund Florian ☐
c] Bibis Freund Fabian ☐

12. Was zeigt der Bildschirm?

a] geheimnisvolle Symbole ☐
b] geheimnisvolle Bilder ☐
c] geheimnisvolle Zahlen ☐

Lösung: siehe Seite 125

Übung 2. **Im Schwimmbad**

Katja und Melanie fahren heute mit ihren Eltern ins Schwimmbad, genau gesagt, fahren sie in ein Thermalbad. Ein Thermalbad nutzt eine warme Quelle aus der Erde. Deshalb ist dort in einigen Becken das Wasser so warm wie in der Badewanne. Es hat nämlich 36°C.

Beide Kinder können schon schwimmen, trotzdem fragt Melanie: „Darf ich meine Schwimmweste mitnehmen?" „Na sicher!", antwortet Papa, „und wir nehmen auch eure Schwimmreifen mit."

Im Bad angekommen ziehen sich alle schnell um und ab gehts ins Wasser. „Oh, ist das schön warm", schwärmen alle gleichzeitig. Katja und Melanie haben inzwischen die gelbe Rutschbahn entdeckt. „Bitte, bitte Papa", betteln sie, „rutsch doch mit uns herunter!" Und dabei schauen sie ihn mit ihrem treuen „Hundeblick" an, weil sie genau wissen, dass der Papa diesem Blick fast nie widerstehen kann.

„Na gut, meinetwegen", gibt sich Papa geschlagen und geht mit einem Seufzer mit den Mädchen zur Rutschbahn. Melanie rutscht mit Papa gemeinsam und dann flitzt Katja hinunter. „Juhu", das macht Spaß.

Versetze dich in die Situation von Katja und Melanie und stelle dir die Geschichte genau vor!

1. Beantworte nun die Fragen, ohne nachzulesen:

1. Was ist ein Thermalbad?

a] ein Thermalbad nutzt eine warme Quelle aus der Erde ☐

b] ein Thermalbad nutzt eine kalte Quelle aus der Erde ☐

c] ein Thermalbad wärmt eine Quelle aus der Erde ☐

2. **Wie warm ist das Wasser in einigen Becken?**

a] 20 °C ▢
b] 36 °C ▢
c] 40 °C ▢

3. **Was will Melanie mitnehmen?**

a] den Schwimmreifen ▢
b] die Schwimmflügerl ▢
c] die Schwimmweste ▢

4. **Welche Farbe hat die Rutschbahn?**

a] gelb ▢
b] grün ▢
c] blau ▢

5. **Wer rutscht mit den Kindern?**

a] Mama ▢
b] Papa ▢
c] Oma ▢

2. Hoppla, in den Text sind sechs Wörter hineingerutscht, die nicht hinein passen. Finde sie und streiche sie durch!

Im Schwimmbad

Katja und Melanie fahren heute mit ihren riesigen Eltern ins Schwimmbad, genau rot gesagt, fahren sie in ein Thermalbad. Ein Thermalbad nutzt eine warme Quelle aus der Erde. Deshalb ist dort in einigen Becken das Wasser so warm, wie in der Badewanne. Es hat nämlich 36°C. Beide gestern Kinder können schon schwimmen trotzdem fragt Melanie: „Darf ich meine Schwimmweste mitnehmen?" „Na sicher!", antwortet Papa, „und wir nehmen auch eure Schwimmreifen mit." Im Bad angekommen ziehen sich alle schnell um und ab gehts ins Wasser. „Oh, ist das schön warm“, schwärmen alle gleichzeitig. Katja und Melanie haben inzwischen Haus die gelbe, Rutschbahn entdeckt. „Bitte, bitte Papa“, betteln sie, „rutsch doch mit uns herunter!“ Und dabei schauen sie ihn mit ihrem treuen „Hundeblick“ an, weil sie Wiese genau wissen, dass der Papa diesem Blick fast nie widerstehen kann. „Na gut, meinetwegen“, gibt sich Papa geschlagen und geht mit einem Seufzer mit den Mädchen zur Rutschbahn. Melanie rutscht mit Papa gemeinsam und dann flitzt alt Katja hinunter. „Juhu“, das macht Spaß.

Übe diese Schnelllese-Übung öfter zu Hause!

3. Schnelllese-Übung

Lies die „kleinen“ Wörter so schnell du kannst!

und	am	der	die	dass
mit	es	um	für	du
dem	auf	die	in	dir
da	dein	im	den	am
mit	eine	an	ich	um

viel	mich	wieder	auch	wenn
vor	klein	sein	mehr	denn
unter	dich	muss	seine	war
kein	nur	dann	wird	schon
bei	hat	sehr	selbst	des
nur	mich	bis	habe	was

wer	habe	kann	dies	und
wird	ihre	gut	bitte	beide
sein	sich	doch	auch	dort
hier	sind	zur	eure	eine
einen	alle	alt	darf	heute
hatte	oder	macht	warm	alle

Lösung: siehe Seite 125

Übung 3. Versteckte Zahlen

1. In der Geschichte stecken 16 Zahlen in Wörtern versteckt.

Kannst du sie alle finden?

Der kleine Erkan spielt ein Lied auf dem Klavier und alle singen begeistert mit. „Spiel doch noch ein Lied“, bettelt Tante Aysel. „Zur Belohnung fahren wir am Nachmittag mit der Achterbahn!“ Das lässt Erkan sich nicht zweimal sagen und haut in die Tasten, dass es nur so kracht. Nur Opa ist ganz verzweifelt, weil er so schwerhörig ist, dass er die Klaviermusik kaum hört. „Schwerhörigkeit macht einsam“, erzählt er seinem Nachbarn. Von dem Lärm wird auch die kleine Özlem wach.

„Sie ist eine richtige Siebenschläferin“, erzählt Oma. „Während andere Kinder mit dem Dreirad fahren, schläft sie und träumt von den Elfen[1]!“ Nach dem Klavierspiel serviert Oma einen Schweinsbraten mit dreieckigen Serviettenknödeln. Und der schmeckt den zehn Gästen hervorragend.

Hast du alle Wörter in der Geschichte verstanden? Wenn nicht, dann frag nach!

[1] Elfen: anmutige Naturgeister

2. Kennst du die Bedeutung von allen Wörtern? Hake an! ☑

1. Was ist ein Siebenschläfer?

a] eine langweilige Person ☐

b] eine nette Person ☐

c] ein graues, eichhörnchenähnliches Nagetier ☐

2. Was sind Serviettenknödeln?

a] Knödeln, mit Serviette serviert ☐

b] Semmelknödelteig, der in ein Tuch gewickelt und gekocht wird ☐

c] Knödeln, auf einer Serviette serviert ☐

3. **Was bedeutet „verzweifelt sein"?**

a] entmutigt, niedergeschlagen sein ☐
b] hoffnungsvoll sein ☐
c] zufrieden sein ☐

4. **Warum macht Schwerhörigkeit einsam?**

a] Weil Opa nicht sieht, was die anderen reden. ☐
b] Weil Opa nicht hört, was die anderen reden. ☐
c] Weil Opa nichts mit anderen redet. ☐

5. **Überlege, welche Wörter du sonst noch nicht kennst und bitte deinen Lehrer oder deine Lehrerin um eine Erklärung!**

3. Beantworte nun folgende Fragen zum Text!

1. **Wer spielt auf dem Klavier?**

a] Tante Aysel ☐
b] Erkan ☐
c] Oma ☐

2. **Was ist die Belohnung für das Spiel?**

a] eine Fahrt mit der Gondel ☐
b] eine Fahrt mit der Achterbahn ☐
c] eine Fahrt mit der Bahn ☐

3. **Wovon träumt Özlem?**

a] von den Wölfen ☐
b] von den Feen ☐
c] von den Elfen ☐

4. **Wie viele Gäste sind da?**

a] fünf ☐
b] sieben ☐
c] zehn ☐

Stelle dir, auch wenn du laut liest, den Textinhalt immer genau vor!

4. In jedem Wort ist ein Buchstabe zu viel. Finde ihn und streiche ihn durch!

Blumentropf   Taschenbruch   Salatschlüssel

Lösung: siehe Seite 125/126

Übung 4. Tiere auf dem Bauernhof

Der Erste, der auf dem Bauernhof wach wird, ist der Hahn. „Kikeriki", kräht er aus vollem Halse, und gleich noch einmal: „Kikeriki, Kikeriki". „Ist ja schon gut", gackern die Hühner. „Wir haben dich gehört und sind schon alle wach. Du kannst aufhören, wie ein Verrückter zu krähen."

Durch das Krähen wird im Pferdestall auch Krümelchen, das Pony, wach. „Wiiiaahh", wiehert es und scharrt unruhig mit dem Huf. Es hat schon Hunger und will auf die Wiese.

Die Katze Mauz wird auch munter. Sie rekelt sich verschlafen und macht einen Katzenbuckel. „Miau, miau", jammert sie, und bettelt bei der Bäuerin um Milch.

Kannst du dir die Tiere vorstellen? Kannst du auch die Tierlaute in deinem Kopf hören?

1. Was heißt „die Katze rekelt sich"?

a] die Katze dehnt und streckt sich ☐

b] die Katze rollt sich zusammen ☐

2. Welche Tiere kommen in der Geschichte vor?

a] Katze, Pony, Hahn, Hühner ☐

b] Katze, Pony, Hahn, Schweine ☐

c] Katze, Pony, Hahn, Kühe ☐

3. In welcher Reihenfolge werden die Tiere wach?

a] Hahn, Hühner, Katze, Pony ☐

b] Hahn, Hühner, Pony, Katze ☐

c] Hahn, Pony, Hühner, Katze ☐

Lies viel, denn nur Übung macht den Meister!

4. Wie heißt das Pony?

a] Pümelchen ☐

b] Kümmelchen ☐

c] Krümelchen ☐

Lösung: siehe Seite 126

BIST ST 1, 2, 3; ST (H) 1

Übung 5. Weihnachtsbriefe von Felix

Ein kleiner Hase besucht den Weihnachtsmann.

Im letzten Dezember ist etwas Seltsames passiert. Sophies Kuschelhase Felix verschwand ganz unerwartet …

Und das kam so: Sophies Lieblingslehrerin hängte den bunten Adventkalender neben der Tafel auf. An den Ösen baumelten nicht nur 24, sondern gleich 29 Päckchen, für jeden aus der Klasse eines. Was da nur drin sein mochte?

Es kribbelte richtig in Sophies Bauch, als sie die vielen geheimnisvollen Päckchen sah. Für Sophie hätte es immer Advent sein können – oder große Ferien. Malte fand so einen Adventkalender nicht schlecht, aber auch von Nikolaus, Wunschzetteln an den Weihnachtsmann und von Weihnachtskrippen wollte er nichts mehr wissen. „Phhh, das ist doch Quatsch", rief er auf dem Schulhof. „Die Großen haben das alles sowieso nur erfunden!" Sophie war empört. Wie konnte Malte nur so etwas sagen? „Weihnachten ist doch keine Erfindung!", sagte sie laut. Malte sah Sophie an: „Kein Wunder, dass DU noch an den Weihnachtsmann glaubst. Du schleppst ja auch immer noch deinen blöden Stoffhasen herum. Ist das Babykram oder was?!" Maltes Freunde kicherten. Und bevor Sophie Luft holen und sagen konnte, dass ihr Felix schon um die ganze Welt gereist war, viele Abenteuer bestanden und die tollsten Briefe geschickt hatte, rief Malte: „Sophie ist ein Baby, Sophie ist ein Baby!" Plötzlich sangen das auch Maltes Freunde im Chor. Den ganzen Nachhauseweg liefen sie singend hinter ihr her. Wäre Johanna nicht bei ihr geblieben, hätte Sophie geweint, bevor sie zu Hause am Gartentor ankam.

Wer viel liest, kann besser rechtschreiben und schreibt viel interessantere Aufsätze!

Vergiss nicht, dir die Geschichte genau in deinem Kopf vorzustellen!

Im Flur duftet es schon köstlich. Aber Sophie hat kein bisschen Hunger. Mama sieht sofort, dass etwas nicht stimmt. „Was ist denn passiert, mein Schatz?“, fragt sie. „Die aus meiner Klasse lachen mich aus“, sagt Sophie. „Sie behaupten einfach, dass es den Weihnachtsmann gar nicht gibt.“ Sophie will nicht weinen, aber plötzlich kullern die Tränen. Mama nimmt Sophie in den Arm und sagt: „Weißt du, es geschehen nur die Wunder, an die man glaubt.“ Dann flüstert sie: „Ich finde es ganz toll, dass du zu deiner Meinung stehst!“ Sophie nickt und wischt mit ihrem Pulloverärmel die Tränen ab. Sie mag gar nicht an den nächsten Schultag denken. Vielleicht bekommt sie ja eine Erkältung und muss im Bett bleiben? So ein bisschen krank fühlt sie sich jetzt schon. Müde stapft Sophie die Treppe hinauf. Wie gut, dass Felix im Kinderzimmer auf sie wartet.

„Ach, Felix, hätte ich bloß nicht gesagt, dass es den Weihnachtsmann gibt!“, murmelt Sophie nachdenklich. Was ist, wenn Malte und die anderen aus ihrer Klasse sogar Recht haben?

Schließlich hat sie den Weihnachtsmann ja noch nie richtig gesehen. Sophie weiß keinen Rat. Irgendwann fallen ihr die Augen zu, aber sie hört noch, dass Felix’ Glöckchen leise klingelt. Alles im Haus schläft tief und fest: Nur Felix ist hellwach und schreibt einen eiligen Brief …

Text und Bilder aus Weihnachtsbriefe von Felix, Ein kleiner Hase besucht den Weihnachtsmann, Annette Langen, Constanze Droop,

Viele spannende Geschichten mit Felix, dem kleinen Hasen, der um die Welt reist, findest du in einer Buchhandlung oder Bücherei!

1. Alles genau gelesen und vorgestellt? Dann beantworte die folgenden Fragen!

a] Wie viele Päckchen baumelten auf dem Adventkalender? ____________________

b] Wer ist Felix? ____________________

c] Wem gehört Felix? ____________________

d] Wer begleitet Sophie auf dem Nachhauseweg?

____

2. Überlege, was für dich alles zu Weihnachten gehört! Trage alle Begriffe in die Übersicht ein!

© Design der Übersicht mit freundlicher Genehmigung Formatwerk Gunskirchen

3. In der folgenden Buchstabenschlange kommt das Wort „GESCHENKE" mehrmals vor. Finde es und unterstreiche es!

HDFGHÖLKMEGGHERLEDGESCHENKEASDFJKLÖPOIUQWERTK
GESCHENKEWEWRTZUNFNÖLELKFFHMLRPWSPSETLFGHHRES
GESCHENKENUUDMMEEMNJEGESCHENKEJKLÖASFJKLÖQWE
RUIOPTZQWERTZUIIKJÖKASWSEIUDEIDKMDDILLÖASEDKIEKS
FEEFKGESCHENKEIUZTREWQWERTZTREEWHGFDFGTRMKLOLO
GESCHENKEIUZTHJUMUZHOIKJUZNNJHZUHZHMHEUHDUERU
GESCHENKEOOPOIUZZTREWWQGFGESCHENKEJOPÜIJWUPER!

Lösung: siehe Seite 126

Übung 6. **Zungenbrecher**

Lies die folgenden Zungenbrecher so schnell du kannst!
Viel Spaß dabei!

Der Flugplatzspatz nahm am Flugplatz Platz.
Auf dem Flugplatz nahm der Flugplatzspatz Platz.

Gute Glut grillt Grillgut gut.
Grillgut grillt gut gute Glut.

Rasch rollt Rudis Rad runter,
runter rollt Rudis Rad rasch.

In dem dichten, dicken Fichtendickicht
picken flinke dicke Finken tüchtig.
Dicke flinke Finken picken tüchtig
in dem dichten, dicken Fichtendickicht.

Zwischen zwei Zwetschkenzweigen
zwitschern zwei Zwergschwalben.
Zwei Zwergschwalben zwitschern
zwischen zwei Zwetschkenzweigen.

Mit Zungenbrechern übst du die gute Aussprache!

Ein Quatschkopf quatscht Quatsch.
Quatsch quatscht ein Quatschkopf.

Esel essen Nesseln gern.
Nesseln essen Esel gern.

Wir Wiener Wäscheweiber
waschen weiße Wäsche.
Weiße Wäsche waschen wir
Wiener Wäscheweiber.

Aus „Zwölf zünftige Zipfelmützenzwerge", Bernd Brucker, Gondrom Verlag.

Textverständnis, Lesesicherheit, Erweiterung des Wortschatzes

Übung 1. **Die Konferenz der Mäuse**

(Fabel aus Amerika)

Auf einem Bauernhof lebte einst ein großer Kater, der Angst und Schrecken unter den Mäusen verbreitete. Keiner von ihnen wagte es mehr, aus dem Keller zu kommen. Sie hatten Angst, in die Klauen des Ungeheuers zu geraten. So beschloss, die immer kleiner werdende Mäuseschar, eine Konferenz abzuhalten. Sie wollten einen Ausweg aus der schwierigen Situation finden.

Als der Kater einmal nicht im Haus war, nützten alle die Gelegenheit und hielten eine Versammlung ab. Alle strömten herbei und jeder der Teilnehmer hatte auch einen Vorschlag vorzubringen, aber keine der Ideen war wirklich umsetzbar. Eine Maus schlug vor: „Bauen wir doch eine Katzenfalle!" Eine andere sagte: „Wie wäre es, wenn wir den Kater vergiften?" Doch niemand von ihnen kannte ein Gift, das Katzen töten konnte. Eine junge Witwe, deren Mann dem grausamen Kater als Beute zum Opfer gefallen war, schlug vor: „Schneiden wir ihm die Krallen und ziehen wir ihm die Zähne, dann kann er keinen Schaden mehr anrichten!" Niemand war von dieser Idee begeistert.

Vergiss nicht, dir die Geschichte wie einen Film vorzustellen!

Schließlich meldete sich eine Maus zu Wort. Sie kletterte auf die Spitze einer Laterne, läutete eine Glocke und bat um Aufmerksamkeit. Sie sagte: „Wir werden diese Glocke an den Schwanz des Katers binden und immer genau wissen, wo er sich aufhält. Wir haben dann Zeit davonzulaufen, und auch die Langsamen unter uns haben noch die Möglichkeit sich zu verstecken!"

Die weise Maus erntete großen Applaus für diesen Vorschlag und alle beglückwünschten sie zu dieser großartigen Idee. „Wir werden die Glocke so fest anbinden, dass der Kater nie wieder von ihr loskommt. Er wird sich nie wieder leise an uns heranschleichen können! Unlängst hatte ich einen Riesenschrecken, als er plötzlich vor mir stand!"

Die weise Maus läutete wieder die Glocke. „Wir müssen nun abstimmen, wer die Glocke an den Schwanz des Katers binden soll."

Plötzlich hörte man keinen Laut mehr, außer einem Gemurmel: „Ich kann nicht, weil..." „Ich nicht!" „Ich würde gern, aber..." „Ich kann auch nicht..." „Ich nicht..."
Niemand war tapfer genug, um den Plan auszuführen und die Konferenz der Mäuse endete ohne eine Entscheidung.

Quelle: überliefertes Volksgut

Wenn du Lernstoff vor dem Schlafen noch einmal durchliest, dann prägt er sich besser ein!

1. Hat dir diese Geschichte gefallen? Wüsstest du ein anderes Ende für diese Geschichte? Stell es vor!

2. Hier sind die Wörter in den Sätzen durcheinander geraten. Schreibe die Wörter auf kleine Kärtchen, und schiebe sie so lange hin und her, bis du den Satz lesen kannst!

a] ihnen wagte Keiner es mehr, von kommen. Keller zu aus dem

b] geraten. zu des die Angst, in hatten Klauen Sie Ungeheuers

c] Die eine beschloss, Mäuseschar, abzuhalten. Konferenz

d] der im nicht Als Kater war, Haus ab. eine die hielten Versammlung Mäuse

Lösung: siehe Seite 126

Übung 2. **Mascha und der Bär**

(Märchen aus Russland)

1. Versuche diesen Text zu lesen!

Ein alter Mann und seine Frau lebten mit ihrer Enkelin Mascha in einem kleinen Dorf. Eines Tages beschlossen die Mädchen im Dorf, Blumen und Pilze zu sammeln. Sie fragten Mascha, ob sie nicht mitkommen wollte. „Großmutter, Großvater, darf ich mit den anderen Mädchen mitgehen? Wir wollen in den Wald gehen und dort Blumen und Pilze sammeln.“ Die alten Leute antworteten: Du kannst schon mitgehen, nur gib Acht, dass du bei den anderen bleibst und dich nicht verirrst!“ So gingen die Mädchen in den Wald. Mascha ging von Baum zu Baum und von Busch zu Busch und schon nach kurzer Zeit war sie weit weg von allen anderen. Sie suchte sie überall und rief laut ihre Namen, doch die anderen konnten sie nicht hören und auch nicht antworten. Mascha lief weiter, hierhin und dorthin, und geriet immer weiter in den Wald hinein. Plötzlich stand sie vor einem hölzernen Haus. Sie klopfte an, doch es meldete sich niemand. Sie drückte an der Türschnalle und die Tür war offen. Drinnen war eine Bank und Mascha setzte sich und überlegte, wem dieses Haus wohl gehören könnte. Das Haus gehörte einem einsamen, großen Bären. Er war gerade im Wald auf Futtersuche gewesen. Als er heimkam, war er hocherfreut, als er das Mädchen sah. „Oho“, sagte er, „ich werde dich hier im Haus bei mir behalten, denn ich kann dich gut für die Hausarbeit brauchen!“ Mascha war sehr unglücklich und weinte, doch sie hatte keine andere Wahl. Der Bär war tagsüber im Wald und warnte Mascha davor, davonzulaufen. „Wenn du versuchst davonzulaufen, werde ich dich schnell wieder finden und dich auffressen.“ *

* Mascha überlegte nun, wie sie es wohl anstellen könnte, dem Bären doch zu entkommen. Sie hatte eine Idee und sagte zu dem Bären: „Lieber Bär, lass mich bitte für einen Tag nach Hause gehen, ich möchte einen Kuchen backen und ihn meinen Großeltern bringen.“ „Nein, nein“, sagte der Bär, „du verirrst dich wieder im Wald. Gib mir den Kuchen und ich werde ihn deinen Großeltern bringen!“

Fortsetzung nächste Seite

Mascha bereitete den Kuchen, gab ihn auf einen Teller und steckte alles in einen Korb, den man am Rücken tragen kann. Mascha sagte zum Bären: „Ich gebe den Kuchen in diesen Korb, aber du darfst unterwegs nicht naschen, ich werde auf den höchsten Baum klettern und dich beobachten!" „Gut", sagte der Bär, „gib mir den Korb." Mascha sagte: „Geh noch schnell vor die Türe und sieh nach, wie das Wetter wird!" Als der Bär draußen war, kletterte Mascha in den Korb, deckte sich zu und gab obenauf den Kuchen. Der Bär kam herein und sah, dass der Korb fertig war. Er hob ihn auf den Rücken und machte sich auf den Weg. Er ging an Tannen vorbei und an Buchen, er wanderte talauf, talab und allmählich wurde er müde. Er sagte zu sich selbst: „Ich werde den Korb abnehmen und ein Stück Kuchen kosten." Aber Mascha rief: „Ich kann dich sehen, ich kann dich sehen. Du darfst keinen Kuchen kosten. Du musst alles zur Großmutter bringen!" Der Bär dachte: „Sie muss gute Augen haben, so weit kann sie sehen. Also werde ich den Korb wieder auf den Rücken heben." Er ging weiter und weiter und wurde sehr müde. Er setzte sich nieder und sagte: „Ich werde den Korb abnehmen und ein Stück Kuchen kosten." Aber Mascha rief: „Ich kann dich sehen, ich kann dich sehen. Du darfst keinen Kuchen kosten. Du musst alles zur Großmutter bringen!" Der Bär war erstaunt. „Sie muss wirklich auf den höchsten Baum geklettert sein, wenn sie so weit sehen kann", dachte er bei sich. Also ging er weiter, kam schließlich ins Dorf zu den Großeltern, klopfte an die Gartentür und rief: „Ich habe Kuchen von Mascha für Euch gebracht. Macht auf!" Aber die Hunde im Dorf hatten seinen Geruch entdeckt und liefen von allen Seiten herbei. Der Bär bekam es mit der Angst zu tun, ließ den Korb zurück und lief schnell wieder zum Wald zurück. In diesem Augenblick kamen die Großeltern aus dem Haus. „Was ist wohl in dem Korb?", fragten sie. Der Großvater nahm den Deckel ab und - heraus sprang Mascha. So lange hatten sie das Mädchen vermisst und nun war sie wieder daheim. Alle freuten sich, küssten Mascha und lobten sie, weil sie den Bären überlistet hatte.

Ende

Übung 3. **Der Teufel und Katja**

(Sage aus Tschechien)

In einem Dorf lebte einmal eine alte Magd, die hieß Katja.

Sie hatte ein kleines Haus, einen Garten und ein paar Goldmünzen, doch auch der ärmste Bursche hätte sie nicht heiraten wollen. Sie war böse und hinterlistig wie ein Teufel. Sie betreute ihre alte Mutter, doch sonst hatte sie wenig Kontakt mit den anderen Menschen. Sie war streitsüchtig und musste immer Recht behalten. So wollte niemand mit ihr Kontakt haben. Sie war außerdem sehr hässlich. Aus all diesen Gründen war sie schon fast vierzig Jahre alt und immer noch allein.

An jedem Wochenende gab es am Samstagnachmittag in dem kleinen Dorf einen Ball. Die Dudelsackpfeifer[1] begannen zu spielen und bald füllte sich der Saal mit jungen Leuten. Auch die Kinder waren mit Begeisterung dabei. Katja war jede Woche beim Tanz, doch immer ohne Glück, sie blieb allein.

Eines Tages sagte sie zu sich: „So alt bin ich schon und hatte noch nie Gelegenheit zu einem Tanz. Ich würde sogar mit dem Teufel tanzen!" Voll Ärger kam sie zum Gasthaus, setzte sich nieder und wartete wie immer.

Bald saß am Nachbartisch ein junger Mann, der sie beobachtete und ihr zutrank. Kurze Zeit später war dieser Bursche an ihrem Tisch, bestellte Getränke für sie und lud sie zum Tanz ein. Katja wunderte sich, dass ihr plötzlich so viel Ehre zuteil wurde. Der Bursch zahlte mit Dukaten und tanzte den ganzen Abend nur mit ihr.

„Wer das wohl sein mag?", fragten die Leute vom Dorf und steckten die Köpfe zusammen. Als es Zeit war nach Hause zu gehen, begleitete sie der junge Bursch nach Hause.

[1] **Dudelsackpfeifer** = *Ein Dudelsackpfeifer ist jemand, der auf einem Dudelsack spielt.*
Dudelsack = *Blasinstrument*

Lege beim Lesen und Lernen öfter Pausen ein. Dadurch merkst du dir den Lernstoff besser!

Katja sagte beim Abschied: „Wenn ich nur mein ganzes Leben lang mit dir tanzen könnte!“ „Das könnte schon geschehen!“, sagte der junge Mann.

„Wo wohnst du denn?“, fragte Katja. „Halte mich fest“, sagte der junge Mann und verwandelte sich im gleichen Augenblick in einen Teufel. Er fuhr geradewegs zur Hölle mit ihr. Katja klammerte sich an ihn und ließ ihn gar nicht mehr los. Der Teufel stöhnte schon unter der schweren Last, doch er konnte Katja nicht mehr loswerden. Er ging also zu seinem Herrn und wollte ihn um Rat fragen.

„Wen bringst du denn da?“, fragte dieser. Der Teufel erzählte ihm die ganze Geschichte, wie Katja sich nach einem Tänzer gesehnt hätte. Er hätte aber nicht geahnt, dass sie ihn nicht mehr loslassen würde.

Mache dir Notizen zu einem Text und schreibe dir wichtige Informationen heraus!

Der Teufel sagte: „Das hättest du doch ahnen müssen! Nun musst du selbst sehen, wie du sie wieder loswerden kannst.“

Sofort kehrte der Teufel wieder zur Erde zurück. Katja klammerte sich fest an ihn. Zornig ging er also die Straße entlang. Er wollte um jeden Preis Katja loswerden. So kaufte er viele Geschenke ein und bot sie Katja an, doch ohne Erfolg. Da sah er auf einer Weide einen Schafhirten. Er klagte ihm sein Leid und sagte: „Kannst du mir helfen? Ich bin schon ganz erschöpft von dieser schweren Last. Ich kann nicht mehr. Hier hast du 50 Dukaten. Hilf mir ein Stück des Weges. Dann werde ich die Last wieder übernehmen.“

Als Katja den hübschen jungen Mann sah, sprang sie sofort auf dessen Rücken und war froh, den hässlichen Teufel los zu sein. Aber der Schafhirte war nicht glücklich über die schwere Last. Er überlegte bald, wie er das

Mädchen loswerden könnte. Sie klammerte sich ganz fest an ihn und ließ nicht mehr los. Der junge Mann hatte eine Idee: Er knüpfte einen Knopf seiner Pelzjacke auf und dann noch einen und als er an einem Teich vorbeikam, schlüpfte er ganz aus der Jacke heraus und Katja fiel mitsamt der Jacke in den Teich. Schnell lief er davon. Katja hatte einen ordentlichen Schock bekommen. Doch sie versuchte allmählich, aus dem Teich wieder herauszukommen.

Sie hatte nun kein Verlangen mehr nach einem Abenteuer mit dem Teufel. Sie lebte in ihrem kleinen Haus und arbeitete im Garten. Manchmal, am Samstagnachmittag, hörte sie die Dudelsackpfeifer, doch sie hatte niemals mehr den Wunsch nach einer Tanzunterhaltung.

Quelle: adaptiert und übersetzt aus Czech Fairytales, Erben, K., Nemcova, B; Vitalis Verlag 2005

Mache dir auch zu Namen ein Bild in deinem Kopf, dann merkst du sie dir besser! Bei **Kat**ja kannst du zum Beispiel an ein Mädchen mit einer **Kat**ze denken.

Hast du alles verstanden und genau gelesen? Hake die richtigen Antworten an! ☑

1. Warum war Katja im Dorf nicht beliebt?

a] Sie war arm. ☐
b] Sie war böse und hinterlistig. ☐
c] Sie war nur eine Magd. ☐

2. Was war ihr größter Wunsch?

a] Sie wollte reich werden. ☐
b] Sie wollte ins Gasthaus gehen. ☐
c] Sie wollte einen Tanzpartner haben. ☐

3. Warum kam der Teufel zu ihr?

a] Sie war traurig. ☐
b] Sie sagte, sie würde sogar mit dem Teufel tanzen. ☐
c] Das Mädchen gefiel ihm. ☐

4. Wie sah der Tanzpartner von Katja aus?

a] Er war gut gekleidet. ☐

b] Er sah aus wie ein Teufel. ☐

c] Er war als Schafhirt verkleidet. ☐

5. Wie verhielt sich Katja, als sie merkte, dass der junge Mann der Teufel war?

a] Sie klammerte sich an ihn. ☐

b] Sie wollte davonlaufen. ☐

c] Sie war erstarrt vor Schreck. ☐

6. Warum konnte der Teufel Katja nicht mehr loswerden?

a] Er liebte sie. ☐

b] Sie klammerte sich an ihn. ☐

c] Sie verlangte Geld von ihm. ☐

7. Wie konnte der Teufel sich schließlich doch von Katja befreien?

a] Er gab ihr viel Geld. ☐

b] Er versprach ihr schöne Kleider. ☐

c] Ein Schafhirte nahm sie ihm ab. ☐

Trinke ein Glas Wasser, wenn du müde bist. Das fördert die Konzentration und das Denken!

8. Lies die folgenden Eigenschaftswörter und suche jeweils das Wort, das nicht dazu passt! Streiche es durch!

a] alt – betagt – gebrechlich – jung an Jahren

b] böse – teuer – durchtrieben – mit schlechten Absichten

c] hinterlistig – mit böser Absicht – unehrlich – nett

d] hässlich – abstoßend – schmutzig – nicht hübsch

Lösung: siehe Seite 126

Übung 4. So viele verschiedene Wörter für „gehen“!

Jörg ging die Straße hinunter. Immer schneller marschierte er, bis er schließlich zu laufen anfing. Er hatte es plötzlich ganz eilig aus diesem Viertel zu verschwinden und rannte, als wäre der Teufel hinter ihm her. Dieses Haus, in dem er übernachtet hatte, war einfach unheimlich. Es geschahen die seltsamsten Dinge dort und die unmöglichsten Gestalten schlichen herum. Gestern Abend saß er auf der Terrasse, um sich ein wenig zu entspannen. Zuerst wankte ein Betrunkener vorbei. Er stolperte über seine eigenen Füße und fiel der Länge nach auf eine Katze, die im Dunkeln herum tappte. Die Katze fauchte und sauste davon.

Danach trippelte eine ganze Schar Chinesen vorbei und gleich darauf stapfte ein alter Mann in einem zerlumpten Mantel vorbei. Er riss seinen Hut vom Kopf und bettelte um eine Spende, bevor er weiter wanderte.

Das ging ja gerade noch, aber dann schlenderte eine ganz seltsame, zwielichtige Gestalt vorbei. Diese Gestalt war so groß und schwer, dass sie wie ein Elefant trampelte …

Indem du viel liest, lernst du viele neue Wörter kennen und kannst dich immer besser ausdrücken!

1. Suche alle Wörter für „gehen“ im Text und markiere sie mit einem Leuchtstift. Das sind folgende Wörter:

ging – marschierte – laufen – rannte – wankte – stolperte – tappte – sauste – trippelte – stapfte – wanderte - schlenderte – trampelte

2. Hake die richtige Antwort an! ☑

1. Was ist ein zerlumpter Mantel?

a] ein zerrissener, abgetragener Mantel ☐

b] ein besonders schöner Mantel ☐

c] ein langer, schwarzer Mantel ☐

Entspannungsmusik kann konzentriertes Lernen fördern. Probiere es aus!

2. Was ist eine zwielichtige Person?

a] eine Person, der man nicht vertraut ☐

b] eine sehr freundliche Person ☐

c] eine sehr schöne Person ☐

3. Was bedeutet um eine Spende betteln?

a] anderen Personen Geld geben ☐

b] andere Personen um Geld bitten ☐

c] Geld ins Bett legen ☐

4. Was bedeutet „das Haus war unheimlich"?

a] Das Haus war sehr einladend ☐

b] Das Haus war erschreckend und beängstigend ☐

c] Das Haus war sehr groß ☐

3. Erinnere dich an die verschiedenen Wörter für „gehen" und trage sie, in der Nennform (gehen, spazieren), in die Übersicht ein!

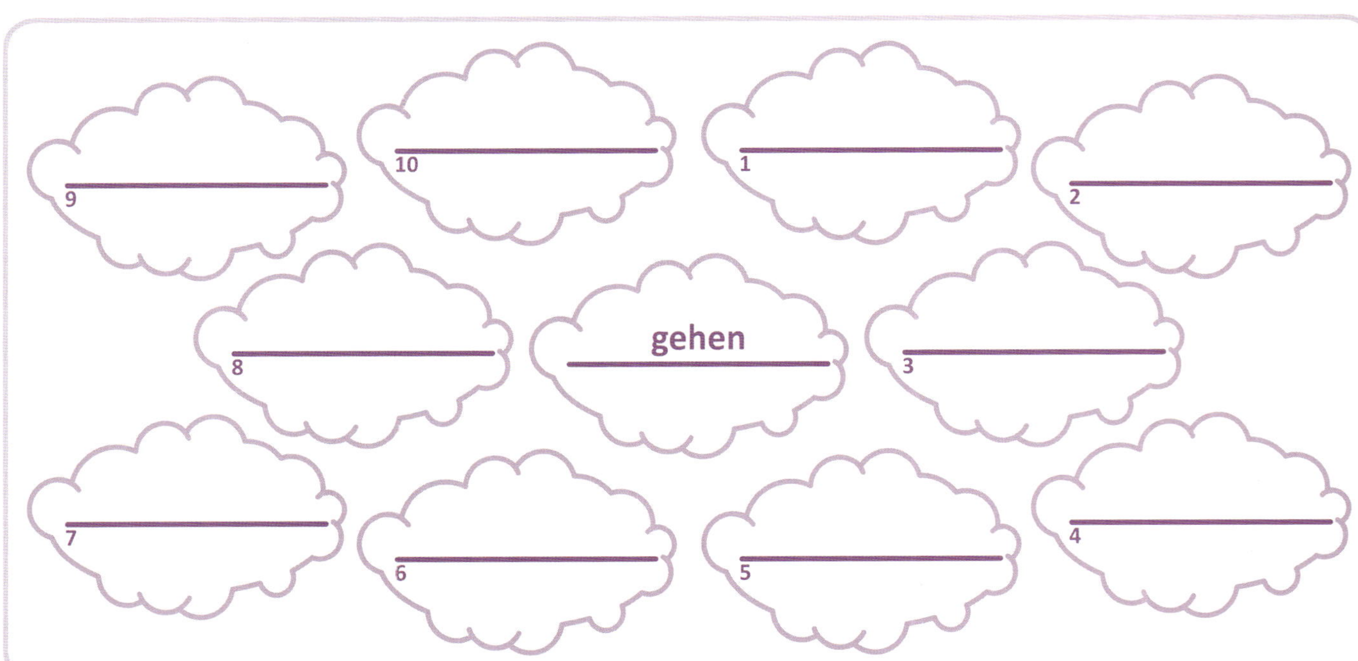

© Design der Übersicht mit freundlicher Genehmigung Formatwerk Gunskirchen

4. Lies die Wörter im Kasten durch! Welche Wörter verstehst du nicht? Unterstreiche sie und bitte deinen Lehrer oder deine Lehrerin um eine anschauliche Erklärung! Probiere die verschiedenen Gangarten gleich aus!

gehen, wandern, spazieren, stapfen, schreiten, schlendern, bummeln, waten, stolpern, wanken, trippeln, tappen, sausen, schleichen, trampeln, marschieren, eilen, rennen, sprinten

5. a] Welche Wörter bedeuten „schnell gehen" und welche bedeuten „laut gehen"? Male sie in der vorgegebenen Farbe an! Ein Wort passt nicht. Streiche es durch!

schnell gehen | laut gehen

marschieren | eilen | sausen | trampeln | rennen | schlafen

b] Welche Wörter bedeuten „unsicher gehen" und welches Wort bedeutet „durch Wasser und Schmutz gehen"? Male sie in der vorgegebenen Farbe an! Zwei Wörter passen nicht. Streiche sie durch!

unsicher gehen | durch Wasser und Schmutz gehen

waten | reden | stolpern | wanken | sprechen

c] Ordne richtig zu und male die Begriffe in der vorgegebenen Farbe an! Ein Wort passt nicht!

auf Zehenspitzen gehen | gemütlich gehen

bummeln | reiten | tappen | spazieren | schlendern | schleichen

6. Lies die kleinen Wörter ganz schnell!

um – in – mit – auf – ein – der – für
mit – den – die – das – eine – weil – wer – wo
wann – was – bis – ist – mit – sind – bei – oder
aus – von – vor – des – durch – aber – dem – den
doch – durch – gern – gut – gib – gelb – gab

7. Folge den Linien nur mit den Augen! Wie lautet der Satz?

Beginne beim violetten Kästchen zu lesen und nummeriere die Wörter in der richtigen Reihenfolge!

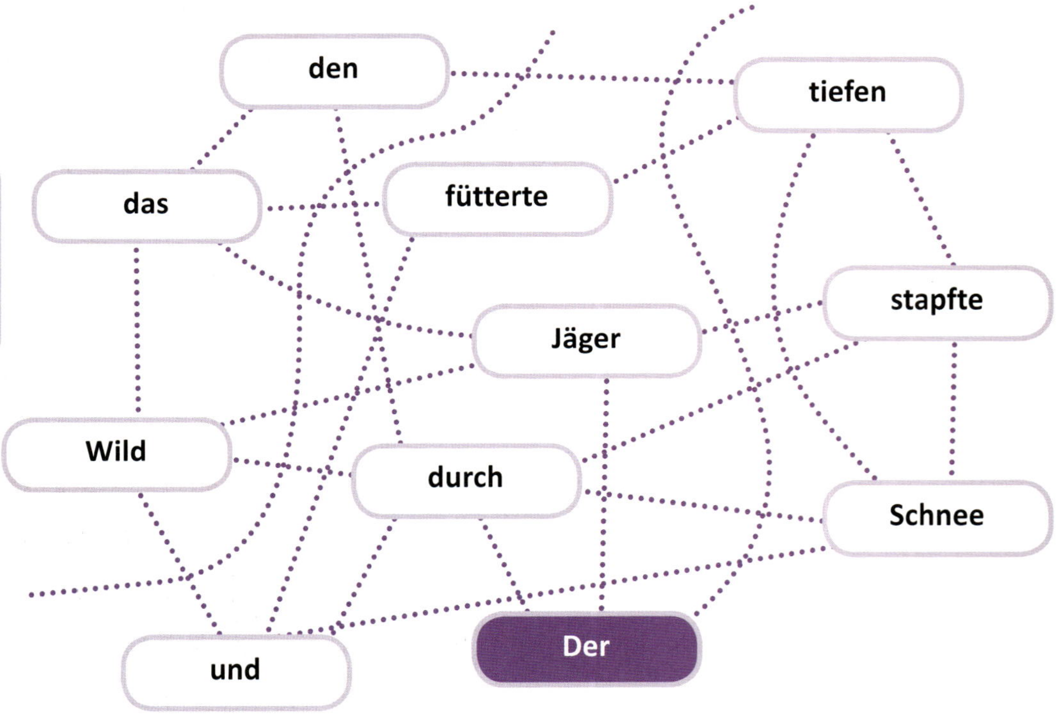

Lösung: siehe Seite 126

Sach- und Informationstexte lesen

Übung 1. **Es schneit**

Tipps zum Auswendiglernen eines Gedichtes:

1. **Markiere die Wörter, die sich aufeinander reimen, mit einem Leuchtstift!**
2. **Lerne eine Strophe nach der anderen! Erst wenn du die erste Strophe kannst, lernst du die zweite!**
3. **Stelle dir den Inhalt des Gedichtes bildlich vor! Höre die Stimmen und Geräusche in deinem Kopf! Fühle dich in das Geschehen ein!**
4. **Wenn du magst, kannst du auch Zeichnungen zum Textinhalt des Gedichtes anfertigen! Dadurch prägt es sich besser ein.**

Es schneit *(Lene Hille-Brandts)*

Seht doch nur, es schneit, es schneit,
und die Welt ist wie ein Traum.
Auf der weiten, weiten Erde
liegt ein weicher, weißer Flaum.

Stelle dir vor, dass es schneit! Spüre den Schnee und rieche ihn! Fühle den weichen Flaum!

In der Küche summt die Mutter
leise kleine Weihnachtslieder,
und vor meinem Fenster gehen
abertausend Flocken nieder.

Stelle dir vor, wie die Mutter in der Küche steht! „Höre“ ein Weihnachtslied, das sie leise summt! Stelle dir vor, wie es draußen schneit!

Unser Zaun trägt weiße Käppchen
und das Haus ein weißes Dach.
Ganz verschwunden ist die Wiese
und der Weg am kleinen Bach.

Stelle dir den Zaun vor, mit den Schneekäppchen und das weiße Dach vom Haus!

Welches Wunder vor dem Fenster!
Ich bestaune Feld und Wald.
Dabei wird die kleine Nase
an der Scheibe eisig kalt.

Stelle dir vor, wie du beim Fenster hinaussiehst und Feld und Wald bestaunst! Fühle die kalte Nase!

Übung 2. **Lieber Nikolaus**

Durch die Betonung prägt sich das Gedicht besser ein und du kannst dich leichter daran erinnern.

Lies das folgende Gedicht laut vor!
Achte dabei auf die Betonung beim Lesen!

Lieber Nikolaus

Hab dein Glöcklein schon gehört,
draußen vor dem Haus.
Lange schon wart ich auf dich,
lieber Nikolaus.

Du bringst einen großen Sack,
bis zu mir daher.
Wenn du mir davon was gibst,
trägst du nicht so schwer.

Zeichnungen, die du zum Inhalt des Gedichtes machst, helfen dir beim Auswendiglernen!

Ich versuche brav zu sein,
braver als ich war.
Danke, lieber Nikolaus,
bis zum nächsten Jahr.

1. Neben dem Gedicht findest du Zeichnungen. Was glaubst du, bedeuten diese Zeichnungen?

2. Markiere die Wörter, die sich aufeinander reimen, mit einem Leuchtstift!

3. Beantworte die folgenden Fragen zum Gedicht!

Finde heraus, wann du am besten lernen kannst und schalte alles ab, was stört! (z. B. Radio)

a] Was hast du gehört?

____

b] Wo hast du es gehört?

____

c] Auf wen wartest du?

____

d] Was bringt der Nikolaus?

____

e] Warum soll der Nikolaus was hergeben?

____

f] Was versuchst du zu sein?

____

4. Was passt zusammen? Male die Sätze, die zu einer Strophe gehören, mit der gleichen Farbe an!

Lieber Nikolaus

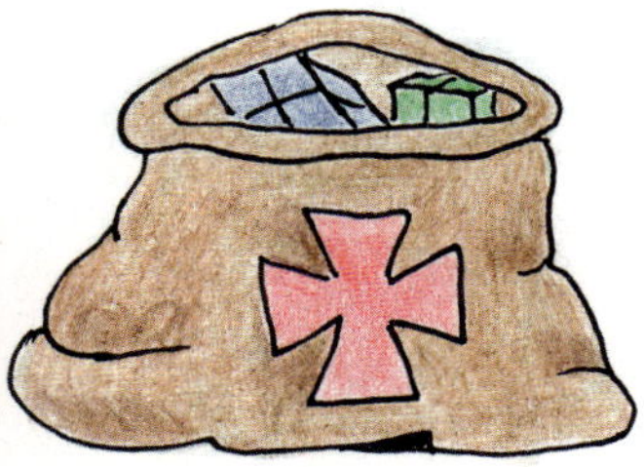

Hab dein Glöcklein schon gehört, draußen vor dem Haus.	Danke, lieber Nikolaus, bis zum nächsten Jahr.
Du bringst einen großen Sack, bis zu mir daher.	Lange schon wart ich auf dich, lieber Nikolaus.
Ich versuche brav zu sein, braver als ich war.	Wenn du mir davon was gibst, trägst du nicht so schwer.

Lösung: siehe Seite 127

Übung 3. Textaufgaben lesen und verstehen

Stelle dir alle Aufgaben bildlich vor!

Textaufgaben musst du verstehen, damit du sie lösen kannst.

Was musst du tun? Hake an! ☑

Multiplizieren = Malrechnen
Dividieren = Inrechnen
Addieren = dazuzählen
Subtrahieren = wegzählen

1. Frau Müller hat 20 Euro und kauft sich eine Bluse um 5 Euro.

Wie viel Geld bleibt übrig?

addieren ☐ subtrahieren ☐ multiplizieren ☐ dividieren ☐

An welchem Wort erkennst du das? Unterstreiche es!

2. Paul hat 50 Bücher und bekommt noch 10 Bücher.

Wie viele Bücher hat er nun?

addieren ☐ subtrahieren ☐ multiplizieren ☐ dividieren ☐

An welchem Wort erkennst du das? Unterstreiche es!

3. Barbara hat 200 Euro auf ihrem Sparbuch. Sie hebt 10 Euro ab.

Wie viel Geld hat sie noch auf dem Sparbuch?

addieren ☐ subtrahieren ☐ multiplizieren ☐ dividieren ☐

An welchem Wort erkennst du das? Unterstreiche es!

4. Fritz hat bereits 10 Euro. Er verkauft einen Tennisschläger um 5 Euro.

Wie viel Geld hat er nun?

addieren ☐ subtrahieren ☐ multiplizieren ☐ dividieren ☐

An welchem Wort erkennst du das? Unterstreiche es!

5. Hannah ist 9 Jahre alt. Oma ist siebenmal so alt wie Hannah.

Wie alt ist Oma?

addieren ☐ subtrahieren ☐ multiplizieren ☐ dividieren ☐

An welchem Wort erkennst du das? Unterstreiche es!

6. Thomas, Max und Willi teilen 24 Fußballkarten untereinander auf.

Wie viele Karten bekommt jeder?

addieren ☐ subtrahieren ☐ multiplizieren ☐ dividieren ☐

An welchem Wort erkennst du das? Unterstreiche es!

7. In einem Beutel sind 8 Orangen. Jan kauft 3 Beutel.

Wie viele Orangen hat Jan nun.

addieren ☐ subtrahieren ☐ multiplizieren ☐ dividieren ☐

An welchem Wort erkennst du das? Unterstreiche es!

Frage nach, wenn du ein Wort im Text nicht verstehst!

Lösung: siehe Seite 127

Übung 4. **Textaufgaben lesen und verstehen**

1. **Textaufgaben musst du verstehen, damit du sie lösen kannst. Lies zunächst die gesamte Aufgabe durch und stelle dir alles bildlich vor!**
   Frage nach wenn du dir nicht sicher bist, was ein Wort oder ein Satzteil bedeutet!
2. **Für viele Kinder ist es hilfreich, eine Zeichnung zur Textaufgabe anzufertigen, um die Aufgabe besser zu verstehen!**

Wenn man etwas bekommt, dann hat man nachher mehr, d. h. du musst dazuzählen!

Aufgabe 1:

Leo hat 33 € in der Sparkasse. Von seiner Oma bekommt er 20 € und von Onkel Max bekommt er 30 €. Wie viel Geld hat Leo insgesamt?

Mache nun eine einfache Zeichnung zur Angabe:

Die Rechnung lautet: _ _ _ _ _ _ _ _ _ _ _ _ _ _ _

Wenn man etwas verkauft, gibt man es weg und hat nachher weniger, d. h. du musst wegzählen

Aufgabe 2:

Der Bäcker bäckt 27 Krapfen. Er verkauft 7 Krapfen und dann nochmals 5 Krapfen. Wie viele bleiben ihm übrig?

Mache eine Zeichnung!

Die Rechnung lautet: _ _ _ _ _ _ _ _ _ _ _ _ _ _ _

Gerhard mäht fünfmal den Rasen, deshalb bekommt er auch fünfmal 4 Euro! Das heißt, du musst malrechnen!

Aufgabe 3:

Gerhard mäht den Rasen bei der Nachbarin. Pro Rasenmähen verdient er 4 Euro. Er hat den Rasen schon fünf- mal gemäht. Wie viel hat er schon verdient?

Die Rechnung lautet: _ _ _ _ _ _ _ _ _ _ _ _ _ _ _ _ _

Aufgabe 4:

Manuela will Bälle kaufen. Sie hat 54 Euro. Ein Ball kostet 9 €. Wie viele Bälle kann sich Manuela kaufen?

Die Rechnung lautet: _ _ _ _ _ _ _ _ _ _ _ _ _ _ _ _ _

Hier willst du wissen, wie oft der kleine Betrag in dem größeren Betrag steckt, das heißt du musst inrechnen!

Aufgabe 5:

Selina ist 8 Jahre alt. Oma ist siebenmal so alt. Opa ist um 3 Jahre älter als Selina und Oma zusammen. Wie alt ist Oma und wie alt ist Opa?

Mache eine Zeichnung!

Die Rechnung lautet: _ _ _ _ _ _ _ _ _ _ _ _ _ _ _ _ _

Lösung: siehe Seite 127

Indem du dich in die jeweilige Situation versetzt, kannst du die Textaufgabe meist besser verstehen!

Übung 5. Textaufgaben lesen und verstehen

Aufgabe 1:

Josef kauft ein Buch um 4 Euro.
Er hat insgesamt 36 Euro.
Josef kauft sich 7 Bücher.

Wie viel Geld bleibt ihm noch übrig?

Stelle dir vor, du bist Josef und gehst einkaufen!

Aufgabe 2:

Spielt die folgende Aufgabe in einem Rollenspiel durch! Das Rollenspiel hilft dir bei der Vorstellung der Aufgabe.

Auf einer Tanzfläche tanzen 20 Kinder.
6 Kinder bilden Kreise zu je 3 Kindern. Alle anderen Kinder bilden Paare.

Wie viele Kreise und wie viele Paare tanzen auf der Tanzfläche?

Um diese Aufgabe lösen zu können, musst du wissen, was ein Paar ist!

Lösung: siehe Seite 127

Übung 6. **Dinosaurier**

Vor langer, langer Zeit, lange bevor es Menschen auf der Erde gab, lebten im Erdmittelalter, das war vor 200 Millionen Jahren, die Dinosaurier.

Damals sah es auf der Erde noch ganz anders aus als heute. Zur Zeit der Dinosaurier war es auf der ganzen Erde sehr warm. Damals waren die Ozeane viel größer und es gab nur einen einzigen Kontinent[1].

Dinosaurier starben vor rund 65 Millionen Jahren aus. Man nimmt an, dass dies aufgrund eines Meteoriteneinschlags[2] auf der Erde, der das Klima eisig kalt werden ließ, geschah. Ganz sicher ist man sich allerdings nicht.

Man fand weltweit Überreste von Dinosauriern, also nimmt man an, dass sie in allen Teilen der Erde heimisch waren.

Es gab viele verschiedene Arten. Manche von ihnen waren riesig groß und wogen mehr als 20 Elefanten. Andere hatten etwa die Größe von einem Wildschwein, waren dafür aber schnell und wendig.

Dinosaurier liefen auf den Hinterbeinen oder vierfüßig; sie waren Pflanzenfresser oder Fleischfresser mit sehr spitzen Zähnen. Um sich fortzupflanzen, bauten sie Nester und legten Eier, die sie von der Sonne oder der Erdwärme ausbrüten ließen. Die genaue Hautfarbe der Dinosaurier ist noch immer unbekannt. Eines hatten alle Dinosaurier gemeinsam: Sie lebten ausschließlich auf dem Festland.

Brachiosaurus = *Die Maße des Brachiosaurus waren gigantisch. Er war mit seinen 22 bis 30 Metern etwa so lang wie drei Autobusse und wog mit seinen rund 80 Tonnen soviel wie 20 ausgewachsene Elefanten!*

Stegosaurus = *Der Stegosaurus war mit seinen 9 m etwa so lang wie ein Autobus und mit seinen 2 Tonnen etwa so schwer wie ein Nashorn*

Segisaurus = *Der Segisaurus war dagegen nur 1 m lang und wog nur etwa 5 Kilogramm.*

[1] **Kontinent** = *Festland, Erdteil*

[2] **Meteoriten** = *sind Gesteinsbrocken aus dem Weltall*

Nutze lange Auto-, Zug- oder Busfahrten zum Lesen eines Buches!

Eine Möglichkeit, um schnell und einfach zu lernen, sind Lernkärtchen. Schreib vorne die Frage und hinten die Antwort drauf oder mache es so wie hier: Schreib oben die Frage und unten die Antwort!

1. Weißt du die Antworten? Schreibe sie in die Kärtchen!

Lernkärtchen kannst du auch zur Rechtschreibung oder zum Einmaleins erstellen!

Nimm die Lernkärtchen mit und lerne beim Autofahren oder, wenn du warten musst!

a] Wann lebten die Dinosaurier?

b] Warum starben die Dinosaurier aus?

c] Wie pflanzten sich die Dinosaurier fort?

© Design der Lernkärtchen mit freundlicher Genehmigung Formatwerk Gunskirchen

Tyrannosaurus Rex =
Der Tyrannosaurus Rex war ein von allen gefürchteter Fleischfresser. Seine Maße sind kaum vorstellbar. Im Durchschnitt wurde er 12 Meter lang, 6 Meter hoch und an die 7 Tonnen schwer. Allein sein Kopf war über 1 Meter lang und jeder seiner Zähne war so lang wie die Klinge eines großen Küchenmessers. Er ging nur dem Stegosaurus aus dem Weg, weil er seinen Stachelschwanz fürchtete.

Das Erdmittelalter =
Die Erde gibt es schon seit 4, 5 Milliarden Jahren. Wir teilen das Alter der Erde in folgende vier große Zeitabschnitte ein.

1. *Erdurzeit*
2. *Erdaltertum*
3. *Erdmittelalter*
4. *Erdneuzeit*

Das Erdmittelalter ist der dritte große Zeitabschnitt der Erdgeschichte.
Zu dieser Zeit haben die Dinosaurier die Erde beherrscht.

Lösung: siehe Seite 127

Übungen mit dem Wörterbuch

Übung 1. Das Alphabet lernen

Sprich die Buchstaben in einem bestimmten Takt aus und klatsche dazu.

Kannst du die 26 Buchstaben des Alphabets schon auswendig? Die richtige Reihenfolge der Buchstaben, kannst du dir wie folgt einprägen:

Wir zerlegen das Alphabet nun in Buchstabengruppen.

Die ersten 10 Buchstaben:

A B C D

wie schön, dass ich zur Schule geh!

E F G

H I J

und meine Freunde täglich seh!

E F G
H I J
Das reimt sich, sprich es dementsprechend aus!
E, F sehen sich ähnlich genau wie I und J und kommen im Alphabet hintereinander.

Dann merkst du dir den Buchstaben in der Mitte des Alphabets.

Das Alphabet hat 26 Buchstaben. In der Mitte steht der 13. Buchstabe und das ist das M. M und Mitte das ist leicht zu merken.

A, B, C, D, E, F, G, H, I, J, K, L, M, N, O, P, Q, R, S, T, U, V, W, X, Y, Z

Vor dem M kommt das L, das merkst du dir sicher schnell!
Vor L steht K, das ist doch klar!
Nach dem M kommt das N. (N und nach M das ist auch einfach.)
M und N sind sich außerdem wieder ähnlich und stehen nacheinander!

Jetzt kannst du die ersten 14 Buchstaben im Alphabet auch leicht durcheinander erinnern. Wiederhole gleich noch einmal!

1. Nenne die ersten 4 Buchstaben im Alphabet!

____

2. Nenne den 13. Buchstaben im Alphabet? Das ist der Buchstabe in der Mitte.

3. Welcher Buchstabe steht vor dem M und welcher nachher? Erinnere dich an die Eselsbrücke!

Erst durch Wiederholungen merkst du dir den Lernstoff langfristig.

4. Welcher Buchstabe steht vor dem L? Nenne die Eselsbrücke dazu!

5. Welche sechs Buchstaben kommen nach dem D im Alphabet? Was fällt dir auf?

6. Reihe die Buchstaben nach dem Alphabet! Was fällt dir auf? M, F, I, E, J, N

Die zweite Hälfte der Buchstaben im Alphabet:

A, B, C, D, E, F, G, H, I, J, K, L, M, N, O, P, Q, R, S, T, U, V, W, X, Y, Z

Nach dem N kommen die Buchstaben O, P, Q.
Dazu merkst du dir: **OP**a trägt statt einem Hut eine **Q**ualle auf dem Kopf. Außerdem sehen sich die drei Buchstaben auch irgendwie ähnlich.

Dann kommt **R**, **S**, **T**
Das klingt wie das Wort „e**rst**“.

OPa trägt also eine Qualle auf dem Kopf.
E**RST** dann stehen **UVW** (sehen sich ähnlich und bestimmt kennst du auch die Automarke VW) und **XYZ**.

Decke nun die zweite Hälfte der Buchstaben mit einem Blatt ab, und beantworte die folgenden Fragen:

7. Welche drei Buchstaben stehen nach dem N im Alphabet? Wiederhole die Eselsbrücke dazu!

___

Wiederhole das ganze Alphabet mit den Eselsbrücken nun fünfmal, damit es sich gut einprägt!

8. Welche drei Buchstaben kommen nach dem Q im Alphabet? Wiederhole die Eselsbrücke dazu!

___

9. Nenne die letzten drei Buchstaben im Alphabet!

___

10. Welche drei Buchstaben stehen nach dem T im Alphabet?

___

11. Welche Buchstaben fehlen?

A B C ___ E ___ G H ___ J ___ L ___ N ___ P ___ ___ S

___ ___ V ___ ___ Y ___

A B ___ ___ E ___ ___ H ___ ___ K ___ ___ N O ___ ___ R

___ ___ U ___ ___ X ___ ___

Z ___ ___ W ___ ___ T ___ ___ Q ___ ___ N ___ ___ ___

J ___ ___ G ___ ___ D ___ ___ ___

Lösung: siehe Seite 127

Übung 2. **Buchstaben alphabetisch ordnen**

Ordne nun die Buchstaben in die richtige Reihenfolge!

Erinnere dich an die Eselsbrücken!

1.

Z	W	M	B	K	I

2.

Y	O	C	D	R	F

3.

O	W	D	F	S	V

Auch beim Spielen im Freien, oder bei einem Spaziergang kannst du Lernstoff wiederholen.

4.

M	P	J	N	I	O

5.

P	N	K	O	M	L

6.

J	B	G	T	R	K

Lösung: siehe Seite 127

Übung 3. Wörter alphabetisch ordnen

Kopiere diese Seite und schneide die Kärtchen aus!

Ordne dann die Kärtchen, so schnell wie möglich, nach dem Alphabet!

Igel	Unterhose	Xylofon
Zeitung	Tisch	Auto
Clown	Nuss	fischen
Opa	Emil	kaufen
gehen	lustig	Pilz
Qualle	Banane	rau
still	Wolle	Maus
Ypsilon	Dose	heiß
Veronika	jagen	

Lösung: siehe Seite 127

Übung 4. Wörter alphabetisch ordnen

Kopiere diese Seite und schneide die Kärtchen aus!

Ordne nun die Kärtchen, so schnell wie möglich, nach dem Alphabet! Achtung: Hier sind Wörter mit dem gleichen Anfangsbuchstaben dabei. Bei diesen Wörtern musst du auf den zweiten Buchstaben achten!

Ameise	Bussi	Jäger
Kind	Dach	Loch
Ruhe	Abfall	Oper
Haus	Nase	Alkohol
Rabe	Henne	Nest
Biene	Sessel	Erfolg
Uhr	Delfin	Kleid
Fisch	Motor	Gabel
Tafel	Wasser	Zange
Zeppelin	Euro	Tuch

Lösung: siehe Seite 127

Übung 5. Wörter richtig schreiben

Hängt die neuen Wörter in der Klasse auf. So prägen sie sich besser ein!

Die unterstrichenen Wörter im Text sind falsch geschrieben. Finde die richtige Schreibweise mit dem Wörterbuch heraus!

Streiche die falschen Wörter durch und schreibe die richtige Schreibweise darüber! Hebe die Besonderheit in der Schreibweise hervor!

Mache das so:

Schneeflocke

1. **Lies den Text durch, ohne dich auf die Fehler zu konzentrieren, um den Sinn zu erfassen!**
2. **Lies den Text ein zweites Mal. Diesmal konzentrierst du dich auf die Rechtschreibung der unterstrichenen Wörter!**

Beim Bob fahren

„Es schneit schon wieder", stellt der Lehrer fest. Die Kinder schauen sofort mit sensüchtigen Blicken zum Fenster hinaus. Dicke Schneeflocken fallen vom Himmel. Die Landschaft sieht bereits aus, als wäre sie in Watte gepakt. Am Nachmittag gehen Roman und Julian Bob fahren. Auf dem Berg haben sich schon viele Kinder fersamelt. „Achtung, ausweichen!", schreit Bernhard und schießt knapp an Roman und Julian mit seinem Bob vorbei.

Katharina sprihngt mit ihrem Schlitten über die Schprungschantze und landet voll im Schnee und

Klaus rutscht auf dem Hosenboden den Hang hinunter.

Da kommt Herr Mahler des Weges. Herr Mahler ist der Volksschuldirektor. Alle Kinder kennen und mögen ihn. Er geht

mit seinem Hund Rolfi spatzieren. „Magst du auch einmal runter fahren?“, fragt ihn Bernhard. „Ich borge dir gerne meinen Bob.“

Herr Mahler überlegt nur kurz. „Oh, das wäre schön“, sagt er. „Passt du in der Zwischenzeit auf Rolfi auf?“ Klar macht Bernhard das und der Herr Direktor macht sich gleich auf den Weg, den Berg hinauf.

Oben wird er mit lautem Hallo von den Kindern

begrüsst.

Herr Mahler schwingt sich auf den Bob, streckt seine langen Beine weit von sich und saust den Hang hinunter.

„Bravo“, jubeln die Kinder. Sie finden es ziemlich lustig, wie

der Herr Direktor den Berg hinunter schisst. Eigentlich war er nämlich schon viel zu groß für den Bob. Der Herr Direktor genießt die Fahrt und hüpft sogar über die kleine Schanze, die die Kinder gebaut haben.

„Super!“, klatschen die Kinder begeistert. Das hätten sie dem

Herrn Direktor gar nicht zugetraut. Unter tosendem Aplauß und

lautem Gejohle kommt er unten an.

„Das war klasse, danke fürs Borgen“, grinst er, als er den Bob zurück gibt. Er verabschiedet sich noch und geht

dann weiter mit Rolfi spatzieren.

3. Wörter finden

Unterstreiche die Wörter, deren Buchstaben sich in alphabetischer Reihenfolge befinden!

A B C D E F G H I J K L M N O P Q R S T U V W X Y Z

Zum Beispiel: Ast

Die Buchstaben kommen nacheinander im Alphabet vor.

Eis	Geld	Schiff	Film	dein
Oma	Ost	ein	Bein	erst
du	er	Baum	Dachs	finden

Schreibe schwierige Wörter auf kleine Lernkärtchen, die du immer wieder durchgehst!

4. Unterstreiche nun die Wörter, deren Buchstaben sich in alphabetischer Reihenfolge befinden, aber von hinten nach vorne!

A B C D E F G H I J K L M N O P Q R S T U V W X Y Z ←

Zum Beispiel: Ton

Oma	Ute	Wurst	Tiger
Zebra	Wunder	Olli	Schlange
Sofa	Post	Puppe	Wurm
Rolle	roh	Sonne	

5. Suche in deinem Wörterbuch vier Wörter, die so anfangen:

a] Kro...

____

b] Leh...

____

c] Fri...

____

Lösung: siehe Seite 128

Übung 6. **Worterklärungen finden**

1. Lies den Text durch, ohne dich bei Wörtern aufzuhalten, deren Sinn du nicht verstehst! Versuche im Zusammenhang zu erkennen, was diese Wörter bedeuten könnten!

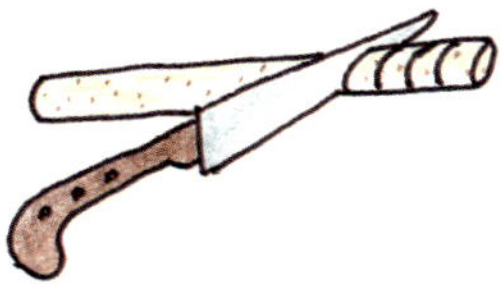

2. Lies den Text ein zweites Mal! Schlage die Bedeutung aller Wörter, die unterstrichen sind, und aller Wörter, deren Sinn du nicht kennst, im Wörterbuch nach!

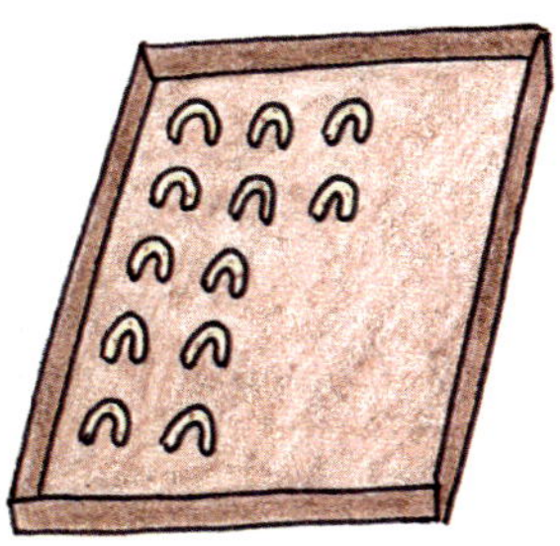

Wir backen leckere Vanillekipferl

„Wenn ihr von der Schule heimkommt, backen wir Vanillekipferl", verspricht die Mama. Wir können es kaum erwarten, deshalb machen wir die Hausübung an diesem Tag besonders schnell.

„Seid ihr etwa schon fertig?", fragt uns Mama ungläubig und will zuerst alles anschauen. Schließlich dauert es doch die übliche Zeit, bis wir alles erledigt haben. Mama lässt einfach vorher nicht locker. (siehe lockerlassen)

Du musst im Wörterbuch immer nach der Nennform suchen! (gehen, zeigen …)

Endlich ist es soweit. Mama hat den Teig bereits am Vormittag zubereitet. Jetzt machen wir uns gleich an die Arbeit. Zuerst schneiden wir den Teig in zwei gleich große Brocken. Aus jedem Brocken machen wir eine Rolle. So eine Rolle hat einen Durchmesser von ca. 3 cm. Die Rolle schneiden wir dann in kleine Scheibchen. Jedes Scheibchen ist etwa 1 cm breit. Die Scheibchen müssen ungefähr gleich groß sein, damit später die Vanillekipferl auch gleich groß werden.

Jedes Scheibchen rollen wir dann zu einer kleinen Nudel und formen daraus ein Kipferl. Obwohl wir uns bemühen, sieht doch jedes Kipferl ein wenig anders aus. „Das macht nichts, wenn sie verschieden aussehen", sagt Mama. „Sie schmecken deshalb genau so gut." Nach dem Backen wälzen wir die Kipferl noch in Staubzucker, den wir mit Vanillezucker verfeinert haben. Die Kipferl schmecken wirklich ausgezeichnet.

3. Nun schlage die Bedeutung der folgenden Wörter im Wörterbuch nach!

Wort:	Bedeutung:
ungläubig	
lecker	
nicht lockerlassen	
sich bemühen	
etwas verfeinern	
etwas schmeckt ausgezeichnet	

Wenn du dir die Buchstaben des Alphabets in das Wörterbuch wie bei einem Register hineinklebst, findest du das gesuchte Wort schneller.

Lösung: siehe Seite 128

Übung 7. Grund- bzw. Nennform finden

1. Suche die Wörter im Wörterbuch immer unter der Grund – bzw. Nennform! Wie lautet die Grund- bzw. Nennform bei den folgenden Wörtern?

ging ______________
sprach ______________

wagte ______________
rauer ______________
ertrug ______________
begrüßt ______________
sang ______________
turnte ______________
log ______________

besaß ______________
nannte ______________
blieb ______________
benutzte ______________
heißt ______________
ließ ______________
raschelte ______________
rief ______________
bemerkt ______________
kam ______________
lies ______________
fand ______________
wollte ______________
liebte ______________
sprang ______________
gefiel ______________
schwamm ______________
fiel ______________
gelogen ______________

Lösung: siehe Seite 128

Texte als Diskussionsgrundlage, Förderung von Kommunikation und Rhetorik

Übung 1. Die Stadtmaus und die Landmaus

(Eine Fabel von Aesop)

Eines Tages wollte ein Stadtmäuserich seinen Cousin auf dem Lande besuchen. Er war ein rauer Geselle, der Landmäuserich, doch er liebte seinen Stadtfreund und bereitete ihm ein herzliches Willkommen. Es gab Bohnen und Speck, Brot und Käse. Das war alles, was er anbieten konnte, doch er tat es mit einer Herzlichkeit.

Der Stadtmäuserich rümpfte die Nase und sagte: „Ich verstehe nicht, Cousin, wie du mit so einem armseligen Essen zurechtkommen kannst. Aber man kann ja nichts anderes vom Land erwarten. Komm doch zu mir und ich werde dir zeigen, wie man wirklich leben soll. Wenn du einmal eine Woche in der Stadt warst, wirst du dich wundern, wie du je das Landleben ertragen konntest!"

Vergiss nicht, dir die Geschichte wie einen Film vorzustellen!

Also machten sich die beiden Mäuse auf in die Stadt und kamen spät in der Nacht in der Wohnung der Stadtmaus an.

„Du hättest sicherlich gerne eine Erfrischung", sagte die höfliche Stadtmaus, und führte seinen Freund in das luxuriöse Speisezimmer. Dort fanden sie Reste eines Festessens, und bald waren die beiden Mäuse damit beschäftigt, Kuchen und Gelees zu verzehren und sie fanden viele gute andere Dinge.

Plötzlich hörten sie ein Brummen und Bellen. „Es sind nur die Haushunde", sagte der Gastgeber. „Nur?", sagte die Landmaus, „ich mag diese Musik nicht bei meinem Dinner."

Gerade in diesem Moment sprang die Tür auf, und es kamen zwei riesige Bulldoggen herein. Die beiden Mäuse mussten schnell vom Tisch springen und sich verstecken.

„Lebe wohl“, sagte die Landmaus, „ Was? Du willst schon wieder abreisen?“, sagte die andere Maus. „Ja“, antwortete diese, „besser Bohnen und Speck in Frieden, als Kuchen und Wein in Angst und Schrecken!“

Quelle: Überliefertes Volksgut

1. Was bedeutet wohl der letzte Satz in der Geschichte?

„Besser Bohnen und Speck in Frieden, als Kuchen und Wein in Angst und Schrecken!“ Bohnen und Speck - Kuchen und Wein, sind das Gegensätze?

Schau deinem Gesprächspartner in die Augen, wenn du mit ihm sprichst!

Zum Nachdenken:

Das Leben auf dem Lande hat früher einmal bedeutet, dass die Leute nur einfache Dinge zum Essen hatten. Sie hatten nur das, was sie von ihrer Landwirtschaft bekommen konnten.

In der Geschichte hat die Stadtmaus zwar jeden Luxus beim Essen, lebt aber gefährlicher als die Landmaus. Was möchtest du sein, Stadtmaus oder Landmaus? Warum?

2. Die Mäuse hatten große Angst vor den Hunden. Hattest du auch schon einmal Angst vor einem Hund? Erzähle davon!

3. Zeichne eine Bildgeschichte mit sechs Bildern: Thema: ein lustiger Urlaub!

Erzähle deinem Nachbarn die Geschichte anhand der Bilder!

Lösung: siehe Seite 128

Übung 2. **Die Gans mit den goldenen Eiern**

(Eine Fabel von Aesop)

Eines Tages fand ein Bauer im Nest seiner Gans ein glitzerndes, gelbes Ei. Er nahm es aus dem Nest und merkte, dass es schwer war wie Blei. Schon wollte er es wegwerfen, denn er dachte, jemand hätte sich einen Spaß mit ihm erlaubt. Doch er nahm es mit nach Hause und sah es genauer an. Nun bemerkte er, dass das Ei aus purem Gold war.

Jeden Morgen fand er nun ein goldenes Ei im Nest seiner Gans. Er wurde ein reicher Mann, denn er verkaufte diese Eier für gutes Geld. So wurde er immer reicher, aber auch immer geiziger. Eines Tages tötete er die Gans, denn er wollte wissen, wie viel Gold in ihr steckte. Er fand aber nichts. Nun konnte er auch keine goldenen Eier mehr verkaufen.

Quelle: Überliefertes Volksgut

Wenn du oft liest, liest du bald viel besser. Dann macht das Lesen viel mehr Spaß!

Hier ist eine moderne Version dieser Fabel:

Es lebte einmal ein kleiner Bub, der hieß Markus. Er war sehr verwöhnt, denn die Eltern erfüllten ihm jeden Wunsch.

Wenn er sich einen Teddybär wünschte, schenkten ihm die Eltern gleich vier Bären. Bald wollte er ein Computerspiel haben, schon am nächsten Tag war sein Wunsch erfüllt. Geld spielte keine Rolle.

Markus wollte einen richtigen Computer haben, so wie alle großen Leute, sofort stand in seinem Zimmer das schönste und teuerste Modell. Er konnte aber nicht wirklich umgehen mit dem Computer, am liebsten beschäftigte er sich mit **einfachen**

Spielen. Freunde gab es keine für Markus, denn er wollte alles für sich allein besitzen.

Markus hatte keine Zeit und auch keine Lust zum Lernen. Wozu auch? Die Eltern erfüllten ihm jeden Wunsch. Als er erwachsen war, kauften ihm die Eltern ein großes Haus mit einem Garten.

Er hatte auch keinen Beruf, denn jederzeit erhielt er genügend Geld von seinen Eltern. Er wurde ein reicher Mann. Allmählich aber waren die Eltern alt und krank und starben. Markus war zwar traurig, aber er hatte viel Geld von seinen Eltern geerbt. Er saß weiterhin beim Computer und spielte den ganzen Tag.

Allmählich wurde das Geld der Eltern weniger und weniger. Markus musste das Haus verkaufen und allmählich alle Dinge, die noch einen Wert besaßen. Auch der Computer musste eines Tages ins Pfandhaus wandern. Markus hatte nichts mehr. Er hatte ja in der Schule nicht lernen wollen, also gab es auch keine Arbeit für ihn. Erst jetzt hatte er begriffen, dass Reichtum allein nicht genug ist im Leben.

Sprich laut und deutlich, damit dich dein Gesprächspartner gut verstehen kann!

1. Welche Geschichte gefällt dir besser, die ursprüngliche Geschichte mit der Gans oder die moderne Geschichte? Erkläre, warum dir die erste oder zweite Geschichte besser gefällt!

2. Was würdest du anders machen? Sprecht in der Klasse darüber!

3. Welche Sätze stimmen für beide Geschichten? Hake an! ☑

a] Geld spielte die wichtigste Rolle. ☐

b] Er wurde ein reicher Mann. ☐

c] Er lebte glücklich bis an sein Lebensende. ☐

d] Er dachte nur an sich, nicht an die anderen Menschen. ☐

4. a] Welche Satzteile passen zusammen? Male die Kästchen in der gleichen Farbe an!

1	Eines Tages fand ein Bauer	a	und sah es genauer an.
2	Er nahm es aus dem Nest und merkte,	b	ein goldenes Ei im Nest seiner Gans.
3	Er nahm es mit nach Hause	c	denn er verkaufte diese Eier für gutes Geld.
4	Nun bemerkte er,	d	goldenen Eier mehr verkaufen.
5	Jeden Morgen fand er nun	e	denn er wollte wissen, wie viel Gold n ihr steckte.
6	Er wurde ein reicher Mann,	f	ein glitzerndes gelbes Ei.
7	Eines Tages tötete er die Gans,	g	dass das Ei aus purem Gold war.
8	Nun konnte er auch keine	h	dass es schwer war wie Blei.

b] Erzähle die Geschichte „Die Gans mit den goldenen Eiern“ nach!

Die folgenden Schlüsselwörter helfen dir dabei:

Bauer – Nest – Gans – goldenes Ei – verkaufte – reich – geizig – tötete Gans

Lösung: siehe Seite 128

Übung 3. **Der Mann, der den Schatten verkaufte**

(Märchen aus Afrika)

Es war einmal ein reicher Mann, der hatte ein schönes Haus am Ende der Dorfstraße. Das Haus war wunderbar eingerichtet, doch das Besondere an diesem Besitz war wohl ein riesengroßer Maulbeerbaum, der neben dem Haus stand. Oft saß der Mann im Schatten des Baumes und hielt seinen Mittagsschlaf. Es war angenehm, so zu ruhen.

Eines Tages kam ein Wanderer, der schon lange in der prallen Sonne gegangen war. Endlich fand er hier Schatten und ließ sich müde und abgespannt auf einer Bank im Schatten des Baumes nieder.

Der reiche Mann war zornig. Er weckte den müden Wanderer auf und schrie ihn an: „Was fällt dir ein, dich einfach hierher zu setzen? Der Baum gehört zu meinem Besitz, du hast nicht das Recht, dich einfach hierher zu setzen!“

Der Wanderer war sehr erstaunt über die Herzlosigkeit des reichen Mannes, doch er war ein kluger Mann und sagte: „Gut, der Schatten des Baumes gehört also dir! Wie wäre es, wenn du mir den Schatten verkaufst? Ich habe genug Geld, dafür zu bezahlen. Dann kann ich mit gutem Gewissen hier sitzen und ausruhen!“

Je mehr du liest und je mehr Übungen du machst, desto besser wirst du im Lesen!

Der reiche Mann überlegte eine Weile, zog dann seine Freunde zu Rate und bot schließlich dem Wanderer den Schatten zu einem hohen Preis an.

Der Wanderer kam nun jeden Tag und setzte sich in die Kühle des Baumes. Der reiche Mann konnte nichts dagegen tun. Manchmal kam der Wanderer zu einer anderen Tageszeit. So geschah es, dass er plötzlich mitten im Hofe des Hauses saß, denn er hatte das

Recht, den Schatten für sich in Anspruch zu nehmen. Bald brachte der Wanderer auch seine Freunde mit, sie unterhielten sich fröhlich und mit lauter Stimme im Schatten des Baumes. Bald brachte er auch Tiere mit, alle wollten den Schatten genießen. Der reiche Mann hatte Gäste bei sich, doch der Wanderer setzte sich mitten in die erlesene Runde.

Die Freunde des reichen Mannes waren erstaunt und fragten den reichen Mann, was hier wohl passiert wäre. Nun musste der reiche Mann seinen großen Fehler zugeben. Alle lachten ihn aus.

So hatte dieser schließlich keine Möglichkeit mehr, in Ruhe zu leben. Er musste in eine andere Stadt ziehen. Der Wanderer aber zog in das Haus des reichen Mannes ein und lebte glücklich und zufrieden.

Quelle: adaptiert und übersetzt aus: Dresser, C.: The Rainmaker's Dog, International Folktales to Build Communicative Skills, Cambridge University Press 1998

1. Warum haben die Freunde den reichen Mann ausgelacht? Tut dir der reiche Mann leid? Redet in der Klasse darüber!

2. Finde die richtige Antwort heraus:

1. Was war das Besondere am Besitz des reichen Mannes?

a] Er hatte ein großes Haus ☐

b] Er wohnte am Ende der Dorfstraße ☐

c] Er hatte einen großen Maulbeerbaum neben seinem Haus. ☐

2. Wie verhielt sich der Mann, als ein Wanderer kam?

a] Er wollte ihn fortjagen ☐

b] Er bot ihm den Schatten seines Baumes an. ☐

c] Er ließ ihn auf der Bank ausruhen. ☐

3. Warum war der Verkauf des Schattens des Maulbeerbaumes keine gute Idee?

a] Der Wanderer konnte immer im Schatten sitzen. ☐
b] Der reiche Mann hatte viel Geld dafür gezahlt. ☐
c] Der reiche Mann wurde ausgelacht. ☐

4. Was machte der reiche Mann?

a] Er baute ein neues Haus in einer anderen Stadt. ☐
b] Er verklagte ihn beim Richter. ☐
c] Er kaufte den Schatten wieder zurück. ☐

Trage die neuen Wörter in die Wörterliste hinten im Buch ein!

3. Suche die Schlüsselwörter im Wortsuchspiel!

Die Wörter sind von links nach rechts und von oben nach unten geschrieben.

Schlüsselwörter:

Mittagsschlaf, Herzlosigkeit, Maulbeerbaum, Möglichkeit, Nachmittag, Tageszeit, Schatten, Wanderer, Gewissen, Freunde, Fehler, Kühle

Recht, Tiere, Gäste, Stadt, Ruhe

A	M	A	U	L	B	E	E	R	B	A	U	M	V
S	I	Y	X	C	V	B	T	E	W	Q	X	Ö	C
D	T	A	G	E	S	Z	E	I	T	U	M	G	B
F	T	X	Y	F	R	E	U	N	D	E	U	L	N
W	A	N	D	E	R	E	R	Z	U	I	O	I	A
J	G	Ä	S	T	E	X	G	V	H	K	P	C	C
K	S	C	H	A	T	T	E	N	U	P	Ü	H	H
R	S	T	A	D	T	X	W	R	J	Ö	Ä	K	M
U	C	F	Q	W	E	T	I	E	R	E	Y	E	I
H	H	E	R	Z	L	O	S	I	G	K	E	I	T
E	L	H	Y	C	R	Z	S	Z	P	Ü	O	T	T
L	A	L	Q	Y	A	Y	E	Q	W	H	R	T	A
Ö	F	E	T	E	W	A	N	S	D	L	R	T	G
Ä	P	R	E	C	H	T	Ö	L	J	E	N	B	V

4. Wenn du Gelegenheit hast, dann beobachte den Schatten eines Baumes während eines ganzen Tages!

Wie sieht der Schatten zu Mittag aus, wie sieht er am Nachmittag aus? Was glaubst du, ist der Grund dafür?

Lösung: siehe Seite 128

Übung 4. Der aufgeblasene Frosch

„Vater", sagte ein kleiner Frosch zum großen, der an einem Teich saß. „Ich habe so ein schreckliches Ungeheuer gesehen! Es war groß wie ein Berg, mit Hörnern auf dem Kopf, mit einem langen Schwanz und es hatte Hufe, die zweigeteilt waren!"

„Ach, mein Kind", sagte der alte Frosch. „Das war nur der Ochse vom Bauern Weiß. Er ist auch gar nicht so besonders groß, vielleicht ein bisschen größer als ich, aber ich könnte mich leicht genauso groß machen, schau nur!" Und er blies sich auf und wurde größer und größer. Er blies sich immer weiter auf. „War er so groß?", fragte er.

„Nein, viel größer!", sagte der kleine Frosch.

Wieder blies sich der alte Frosch auf und fragte den kleinen: „Ist der Ochse so groß gewesen?"

„Größer, Vater, größer!", sagte der kleine Frosch.

Also holte der Frosch tief Atem und blies und blies und blies sich weiter auf, er wurde größer und größer. Dann sagte er: „Der Ochse ist sicherlich nicht so groß gewesen!" Doch im selben Moment zerplatzte er.

Quelle: überliefert, aufgezeichnet.

1. Warum glaubst du, handelt der alte Frosch so unsinnig? Hake an! ☑

a] Er ist unvorsichtig. ☐

b] Er glaubt an etwas, das unmöglich ist. ☐

c] Er will vor seinem Kind als der Große dastehen, Ansehen haben. ☐

d] Er will besser und größer sein als die anderen. ☐

2. Warum geben manche so gerne an? Was erreichen sie damit?

Hast du auch schon einmal angegeben? Warum? Was hat es gebracht? Sprecht in der Klasse darüber!

3. Kannst du das Kreuzworträtsel lösen?

waagrecht: →

1] Ein grünes Tier, das hüpft.

5] Ein anderes Wort für Drache, das mit U beginnt.

7] Wenn man ihn zuviel aufbläst, dann kann der Ballon...

10] Kühe haben keine Füße, sie haben...

senkrecht: ↓

2] Manche Tiere haben zwei...

3] Viele Tiere haben einen..., Menschen nicht

4] Einen Luftballon kann man...

6] Luft aus dem Körper

8] Wasser, in dem oft Fische sind

9] Gegenteil von Tal

Lösung: siehe Seite 128

Abschluss

Hier ist noch eine Spezialaufgabe für dich!

Setze die Anfangsbuchstaben der Dinge beim Lesen ein und schon kannst du die Geheimschrift lesen!

Geeimschrift

Super!

Du  ast ds Lesetraining 3

gescha t und  ist jtzt

schon  ine rictige Leseule.

erzlicen Glückwunsc!

Viel Spß in den erien!

Sofia

Lösung: siehe Seite 128

Abschluss-Lesetest

Mit dem folgenden Lesetest kannst du überprüfen, wie gut du nun, nachdem du das Lesen intensiv trainiert hast, Texte verstehen kannst.

Aufgabenstellung:

- Der Test besteht aus vier Teilaufgaben.
- Löse alle vier Aufgaben und vergleiche anschließend deine Ergebnisse mit den Lösungen!
- Je mehr richtige Antworten du hast, desto besser ist dein Leseverständnis.

Aufgabe 1: Richtig oder falsch?
Lies dir jeden Satz durch und stelle fest, ob die Aussage richtig R oder falsch F ist! Ringle jeweils die zutreffende Aussage ein!

Zeit: 1 Minute

1]	Himbeeren sind blau.	R	F
2]	Wenn ein Tier krank ist, muss man zum Tierarzt.	R	F
3]	Ein Küchenmesser besteht aus Plastik und Wolle.	R	F
4]	Orangen muss man vor dem Essen schälen.	R	F
5]	Bei Basketball schießt man mit dem Fuß.	R	F
6]	Der Hahn kräht.	R	F
7]	Wer schlecht hört, braucht ein Hörgerät.	R	F
8]	Im Wohnzimmer befindet sich das Waschbecken.	R	F
9]	Ein Polizist hat eine Pistole.	R	F
10]	Im Winter zieht man kurze Hosen an.	R	F
11]	Eine Henne ist ein Singvogel.	R	F
12]	Igel haben Stacheln.	R	F
13]	In der Schule lernt man.	R	F
14]	Ein Wellensittich ist ein Vogel.	R	F
15]	In der Nacht ist es finster.	R	F
16]	Wenn es brennt, dann ruft man die Feuerwehr.	R	F
17]	Wenn es schneit, ist es heiß.	R	F
18]	Vor lauter Zorn küsst man sich.	R	F
19]	Mit dem Adventkalender zählt man die Tage bis zum Geburtstag.	R	F
20]	Nasse Haare trocknet man mit dem Föhn.	R	F

Aufgabe 2: Wörter richtig einsetzen

Lies dir jeden Satz durch und setze das passende Wort ein!

Zeit: 5 Minuten

Karotten, Gruben, Nahrung, wohl, Angst, Freie, Haken

Das Kaninchen gehört zu den Hasen. In Gefangenschaft, also wenn wir es als Haustier halten, kann es sehr zutraulich werden. Das Kaninchen gräbt gerne ________________. Es hat ein weiches Fell, kurze Löffe und einen Stummelschwanz. Kaninchen sind Rudeltiere und leben gerne gesellig. Wenn sie viele Freunde um sich haben, fühlen sie sich so richtig ________________. Am liebsten mögen sie Löwenzahnblätter, ________________ und Rüben. Aber auch Getreidekörner und Mais gehören zu ihrer ________________.

Kaninchen mögen es auch, wenn man sie streichelt und herzt. Zuvor müssen sie allerdings mit den Menschen vertraut werden. Sonst haben sie nämlich große ________________ vor ihnen und dann kann es schon einmal passieren, dass sie ihre Krallen zeigen. Entkommt ein Kaninchen aus dem Stall ins ________________, dann hoppelt es vergnügt im Gras herum. Meist ist es dann ganz schön schwierig, es wieder einzufangen, weil es ständig beim Laufen ________________ schlägt.

Aufgabe 3: Falsche Wörter im Text finden

Im folgenden Text haben sich 10 Wörter eingeschlichen, die nicht in den Text passen, die also keinen Sinn ergeben.

Finde sie und streiche sie durch!

Zeit: 6 Minuten

Die Heinzelmännchen waren kleine lustige Kerlchen, die im Märchenland lebten. Sie waren allen Menschen gegenüber ihnen hilfsbereit. Wo immer sie auftauchten, waren sie willkommen.

Eines Nachts kamen sie ihr in eine Backstube. Der Bäcker war bereits zu Bett gegangen und schnarchte laut. Währenddessen kneteten die Heinzelmännchen in der Backstube den Teig und formten das Speisen Brot. Als der Bäcker am nächsten Tag fünf aufwachte und seine Backstube betrat, war alle Arbeit bereits getan. Der Bäcker wunderte sich über die Hilfe, freute sich jedoch sehr darüber.

In der nächsten Nacht halfen die Heinzelmännchen hoch dem Fleischer. Während dieser schlief machten sie nützlich ihm seine Arbeit.

Als der Fleischermeister am nächsten Tag seine Fleischhauerei betrat, staunte er nicht schlecht lustig. Alle Arbeit war getan. Die Würste hingen fix fertig an der Wand und alles war blitze blank sauber. Auch der bunte Fleischhauer freute sich sehr über die Hilfe. Die Heinzelmännchen halfen in den nächsten Nächten auch dem Weinhändler und dem Schneider. Die Frau des Schneiders aber wollte bis unbedingt wissen, wer hier half. So streute sie Erbsen auf die Treppe.

Als die Heinzelmännchen wieder kamen, um zu helfen, rutschten sie auf den Erbsen aus durch und fielen hin. Durch den Lärm wurden im Hause alle wach und die Heinzelmännchen wurden entdeckt.

Seit diesem Tag kamen sie nie wieder, um zu helfen.

Aufgabe 4: Den Sinn von Texten wiedergeben

Zeit: 2 Minuten

Was ist gemeint? Male das richtige Bild an!

a] Es hat einen buschigen Schwanz und lebt auf Bäumen.
Im Herbst vergräbt es seine Vorräte für den Winter.
Es frisst gerne Nüsse und Zapfen.

das Schaf ☐

das Eichhörnchen ☐

der Fuchs ☐

b] **Wie liegt das Gemüse?** *Zeit: 3 Minuten*

Die Mutter richtet Gemüse zum Kochen her. Zuerst wäscht sie eine Karotte, dann wäscht sie einen gelben Paprika und dann drei Tomaten. Sie legt das Gemüse der Reihe nach auf ein Brett. Nachher schält sie noch eine Gurke und eine Kartoffel und legt sie zum anderen Gemüse dazu. Sabine isst die Karotte auf. Welches Gemüse liegt auf dem Brett, und in welcher Reihenfolge? Zeichne es, ohne nachzulesen, auf!

Nun vergleiche mit den Lösungen auf Seite 134 und trage deine Ergebnisse hier ein:

Aufgabe 1: **Anzahl richtige Antworten: _____/20**

Aufgabe 2: **Anzahl richtig eingesetzter Wörter: _____/7**

Aufgabe 3: **Anzahl der Wörter, die nicht in den Text passen: _____/10**

Aufgabe 4: **Anzahl richtiger Lösungen: _____/2**

Aufgabe 1: richtig oder falsch?

1. R [F]	2. [R] F	3. R [F]	4. [R] F
5. R [F]	6. [R] F	7. [R] F	8. R [F]
9. [R] F	10. R [F]	11. R [F]	12. [R] F
13. [R] F	14. [R] F	15. [R] F	16. [R] F
17. R [F]	18. R [F]	19. R [F]	20. [R] F

Aufgabe 2: Wörter richtig einsetzen

Karotten, Gruben, Nahrung, wohl, Angst, Freie, Haken

Das Kaninchen gehört zu den Hasen. In Gefangenschaft, also wenn wir es als Haustier halten, kann es sehr zutraulich werden. Das Kaninchen gräbt gerne **Gruben**. Es hat ein weiches Fell, kurze Löffel und einen Stummelschwanz. Kaninchen sind Rudeltiere und leben gerne gesellig. Wenn sie viele Freunde um sich haben, fühlen sie sich so richtig **wohl**. Am liebsten mögen sie Löwenzahnblätter, **Karotten** und Rüben. Aber auch Getreidekörner und Mais gehören zu ihrer **Nahrung**.
Kaninchen mögen es auch, wenn man sie streichelt und herzt. Zuvor müssen sie allerdings mit den Menschen vertraut werden. Sonst haben sie nämlich große **Angst** vor ihnen und dann kann es schon einmal passieren, dass sie ihre Krallen zeigen. Entkommt ein Kaninchen aus dem Stall ins **Freie** dann hoppelt es vergnügt im Gras herum. Dann ist es ganz schön schwierig es wieder einzufangen, weil es ständig beim Laufen **Haken** schlägt.

Aufgabe 3: Falsche Wörter im Text finden

Die Heinzelmännchen waren kleine lustige Kerlchen, die im Märchenland lebten. Sie waren allen Menschen gegenüber ~~ihnen~~ hilfsbereit. Wo immer sie auftauchten waren sie willkommen. Eines Nachts kamen sie ~~ihr~~ in eine Backstube. Der Bäcker war bereits zu Bett gegangen und schnarchte laut. Währenddessen kneteten die Heinzelmännchen in der Backstube den Teig und formten das ~~Speisen~~ Brot. Als der Bäcker am nächsten Tag ~~fünf~~ aufwachte und seine Backstube betrat, war alle Arbeit bereits getan. Der Bäcker wunderte sich über die Hilfe, freute sich jedoch sehr darüber.
In der nächsten Nacht halfen die Heinzelmännchen ~~hoch~~ dem Fleischer. Während dieser schlief machten sie ~~nützlich~~ ihm seine Arbeit.
Als der Fleischermeister am nächsten Tag seine Fleischhauerei betrat staunte er nicht schlecht ~~lustig~~. Alle Arbeit war getan. Die Würste hingen fix fertig an der Wand und alles war blitze blank sauber. Auch der ~~bunte~~ Fleischhauer freute sich sehr über die Hilfe. Die Heinzelmännchen halfen in den nächsten Nächten auch dem Weinhändler und dem Schneider. Die Frau des Schneiders aber wollte ~~bis~~ unbedingt wissen, wer hier half. So streute sie Erbsen auf die Treppe.
Als die Heinzelmännchen wieder kamen um zu helfen, rutschten sie auf den Erbsen aus ~~durch~~ und fielen hin. Durch den Lärm wurden im Hause alle wach und die Heinzelmännchen wurden entdeckt. Seit diesem Tag kamen sie nie wieder um zu helfen.

Aufgabe 4: Den Sinn von Texten wiedergeben

a] das Eichhörnchen   b] Gelber Paprika, drei Tomaten, Gurke, Kartoffel;

Urkunde

Hiermit wird

_ _ _ _ _ _ _ _ _ _ _ _ _ _ _ _ _ _ _

zur

Leseeule

ernannt

Du hast erfolgreich am Lesetraining 3 teilgenommen.

Herzlichen Glückwunsch!

Ort und Datum

Sofia

Lehrerin/Lehrer

Neues Wort	Bedeutung	Ein Satz mit dem neuen Wort:
Leseeule	**Jemand, der sehr viel und sehr gut liest.**	**Ich bin eine Leseeule.**

Neues Wort	Bedeutung	Ein Satz mit dem neuen Wort:

Lösungen

Seite

18/19 1. a) ☒, b) ☑, c) ☒, d) ☑, e) ☒, f) ☑, g) ☑;
3. der Buchstabe „e" fehlt

22/24 **1. a), 2. a), 3. b), 4. b), 5. b), 6. a), 7. a), 8. b), 9. c), 10. b), 11. c), 12. a), 13. a), 14. b), 15. c);**
16. alt, klapprig, steinalt, greis; eklig, scheußlich, abstoßend, widerlich; groß, lang, riesig, gigantisch; traurig, betrübt, unglücklich, bekümmert; kramen, wühlen, stöbern, suchen; erklären, klarmachen, besprechen, darlegen;

31/34 1. **1. b), 2. b), 3. c), 4. c), 5. a);**
2. a) Kevin und Papa machen sich an die Arbeit. b) Es soll Naturschnitzel mit Reis und Salat geben. c) Das Fleisch ist verbrannt. d) Dem Reis fehlt die Würze. e) Mama nimmt am schön gedeckten Tisch Platz.
4. a) Kevin, b) Kevin, c) Mama, d) Kevin, e) Mama, f) Papa;
6. „Wir kochen dir heute ein ~~heißes~~ Mittagessen", sagt Papa zu Mama. „Du kannst dich in der Zwischenzeit ausruhen." Das lässt Mama sich nicht ~~dreimal~~ sagen und verschwindet gleich aus der Küche.
„Was werdet ihr mir ~~dann~~ servieren?", will sie noch wissen, aber das soll ein Geheimnis bleiben. Kevin und Papa machen sich an die Arbeit. ~~Gepfefferte~~ Naturschnitzel mit Reis soll es geben und dazu grünen ~~Kohl~~. „Den Salat können wir ruhig weglassen", meint Kevin, als Papa das grüne Häuptel aus ~~der Kühlvitrine~~ nimmt.
Aber ~~Opa~~ besteht auf den Salat und Kevin muss ihn waschen und ~~putzen~~. Papa brät das Fleisch an, zu lange, wie sich bald herausstellt, denn bald raucht und qualmt es in der ~~großen~~ Küche. „Ojemine", denkt Kevin, „ob man da noch etwas essen kann?" „Was riecht hier so ~~gut~~?", fragt Mama und ~~hält~~ den Kopf bei der Tür herein. „Raus hier!", schimpft Papa ~~wütend~~, und Mama verschwindet gleich wieder. Bald steht das Essen auf dem Tisch. Das Fleisch schmeckt ~~köstlich~~, dem Reis fehlt die ~~Marinade~~ und der Salat schmeckt nach gar nichts. Aber ~~Oma~~ nimmt am schön gedeckten Tisch Platz und ~~isst~~ das Mittagessen.

35/36 1. Die Wörter in der richtigen Reihenfolge:
gesund, putzen, Zahnpasta, Mund, Gemüse, Naschereien, heiß, Tee;
3. Zahn Zahn Zahn Zahn Zahn Zuhn Zahn Zahn Zahn Zahn
putzen putzen putzen putzen putzen putzen petzen putzen
Gemüse Gemüse Gemüse Genüse Gemüse Gemüse Gemüse
täglich täglich täglich täglich täglich täglich taglich täglich
4. Zähnepotzen Zähnepatzen Zähneputzen Zähnepitzen
Mand Mind Mend Mend Mind Mund Mand Mend
Wosser Wisser Wesser Wusser Wasser Wisser Wosser
trenken trunken tronken trenken trinken trunken tronken
5. Die Wörter bunt, Wiese, Tassen passen nicht.

37 1. Opa liest eine Zeitung. Mark spielt mit dem Ball. Verena steht unter der Dusche. Thomas klettert auf den Baum. Oma strickt einen Pullover. Susi trinkt ein Glas Saft. Die Katze schläft auf dem Sofa. Der Hund bellt laut.

2. Melanie malt ein Bild. David spielt Fußball. Theresa macht die Hausübung. Klaus spitzt seinen Bleistift. Oma bäckt einen Kuchen. Mama trinkt eine Tasse Kaffee. Michael sitzt vor dem Fernseher. Claudia schreibt einen Brief.
3. bemerken, erhalten, antworten, unterstreichen

38 1. Hose, Rose; 2. Maus, Haus; 3.Berg, Zwerg; 4. Topf, Knopf; 5. Buch, Tuch; 6. Kanne, Wanne; 7. Baum, Traum; 8. Kuh, Schuh; 9. Nase, Hase; 10. Schnee, Klee;

39 1. a), 2. a);

40 1. b), 2. b);

41 1. a) ☒, b) ☒, c) ☑, d) ☒, e) ☒, f) ☑;
2. a) ☑, b) ☒, c) ☑, d) ☑, e) ☑, f) ☒;

42/43 1. **a)** Die Sekretärin schreibt Briefe. **b)** Der Buchhalter macht die Buchhaltung. **c)** Die Buchhändlerin verkauft Bücher. **d)** Der Hafnermeister baut Kachelöfen. **e)** Die Mechanikerin repariert Fahrzeuge. **f)** Der Landwirt mäht die Wiesen. **g)** Der Drucker erzeugt Bücher. **h)** Der Fliesenleger verlegt Fliesen. **i)** Der Gärtner bindet Blumen und Kränze. **j)** Der Arzt behandelt Patienten **k)** Die Autorin schreibt Bücher. **l)** Der Friseur schneidet Haare. **m)** Der Baumeister baut Häuser.
2. **1. Spalte:** alt – jung, gebraucht – neu, schnell – langsam, stark – schwach, geschickt – ungeschickt, faul – fleißig, schlecht – gut, dunkel – hell, hart – weich, hässlich – schön, drinnen – draußen, langweilig – spannend, weiß – schwarz;
2. Spalte: offen – geschlossen, gesund – krank, reich – arm, dumm – klug, dick – dünn, heiß – kalt, eng – weit, glatt – rau, hell – dunkel, oben – unten, spitz – stumpf, billig – teuer, groß – klein.

44/45 1. Die richtige Reihenfolge der Wörter:
Katzendame, aus, Haus, her, anzusehn, dir, lassen, meine, sehr, nutzen, toll;
2. Katze, Tier, Dunkelheit, älter, Freude

46 3. a) ☑, b) ☑, c) ☑, d) ☒, e) ☑, f) ☒; g) ☒;
4. Es ergeben sich folgende Sätze:
In die Füllfeder gehört eine Tintenpatrone. Die Schultasche trägt man auf dem Rücken. Petra schreibt die Hausübung in ihr Heft. Thomas schneidet mit der Schere das Bild aus der Zeitung aus. Klaus kann sehr gut kopfrechnen.

48 1. im 2. an 3. unter 4. neben 5. hinter 6. auf 7. vor

49/52 1. Goofy, der Hund
2. a) ☒, b) ☒, c) ☑, d) ☑, e) ☒, f) ☑, g) ☒, h) ☒, i) ☑, j) ☑, k) ☒;
3. LesenSpaßZeichentrickfigurlachenGoofyZeichnung
BuchseiteHeftlustigUnterhaltungspannendAbwechslung
ZeichentrickfigurlernenwichtigspaßigZeichentrickfigur
FreudeBuchSchuleLehrerAufgabeHausübungKinder
MitschülerTafelKreideLehrerinElternSchultasche

BleistiftSchreibtischrechnensingenZeichentrickfigur
musizierenschreibenUnterrichtbastelnlesentanzensingen
turnenrechnenspielenlernenZeichentrickfigurmalenBuch
HefteSchultascheFederpennalFüllfederLeseverständnis

4. Die Reihenfolge der Bilder: 4, 3, 2, 1, 8, 7, 6, 5;
5. Es war gerade einmal 4.00 Uhr morgens, als ich aufschreckte und kerzengerade in meinem Bett saß. Was war das gewesen? Hatte da nicht gerade jemand an die Fensterscheibe geklopft. Sofort zog ich mir die Bettdecke über den Kopf. Außerdem hielt ich mir auch noch die Ohren zu. Aber das hielt ich nicht lange aus. Mir wurde heiß, deswegen lugte ich dann doch wieder vorsichtig unter meiner Bettdecke hervor. In diesem Moment hörte ich wieder ein Klopfen an meinem Fenster. Diesmal war es ganz deutlich zu hören. Ich hatte schreckliche Angst, deshalb zog ich gleich wieder die Decke über den Kopf. So ging es nicht weiter. Plötzlich sprang der Fensterflügel auf. Der Wind hatte ihn wohl aufgestoßen. Auf einmal flog etwas in mein Zimmer. Jetzt war es genug. Augenblicklich sprang ich aus dem Bett und rannte zu meiner Mutter. Später stellte sich heraus, dass ein Rabe in mein Zimmer geflogen war.

54
1. Die Busse stehen in den Farben gelb, rot, grün, dunkelblau;
2. Die Busse stehen in den Farben gelb, rot, hellblau, dunkelbau;

57/58 1. a), 2. b), 3. c), 4. a), 5. b), 6. b), 7. b), 8. a), 9. b), 10. a), 11. b), 12. a);

59/61
1. 1. a), 2. b), 3. c), 4. a), 5. b);
2. Im Schwimmbad

Katja und Melanie fahren heute mit ihren ~~riesigen~~ Eltern ins Schwimmbad, genau ~~rot~~ gesagt, fahren sie in ein Thermalbad. Ein Thermalbad nutzt eine warme Quelle aus der Erde. Deshalb ist dort in einigen Becken das Wasser so warm, wie in der Badewanne. Es hat nämlich 36°C.

Beide ~~gestern~~ Kinder können schon schwimmen trotzdem fragt Melanie: „Darf ich meine Schwimmweste mitnehmen?" „Na sicher!", antwortet Papa, „und wir nehmen auch eure Schwimmreifen mit." Im Bad angekommen ziehen sich alle schnell um und ab gehts ins Wasser. „Oh, ist das schön warm", schwärmen alle gleichzeitig. Katja und Melanie haben inzwischen ~~Haus~~ die gelbe Rutschbahn entdeckt. „Bitte, bitte Papa", betteln sie, „rutsch doch mit uns herunter!" Und dabei schauen sie ihn mit ihrem treuen „Hundeblick" an, weil sie ~~Wiese~~ genau wissen, dass der Papa diesem Blick fast nie widerstehen kann. „Na gut, meinetwegen", gibt sich Papa geschlagen und geht mit einem Seufzer mit den Mädchen zur Rutschbahn. Melanie rutscht mit Papa gemeinsam und dann flitzt ~~alt~~ Katja hinunter. „Juhu", das macht Spaß.

62/63 1. Der kleine Erkan spielt ein Lied auf dem Klavier und alle singen begeistert mit. „Spiel doch noch ein Lied", bettelt Tante Aysel. „Zur Belohnung fahren wir am Nachmittag mit der Achterbahn!" Das lässt Erkan sich nicht zweimal sagen und haut in die Tasten, dass es nur so kracht. Nur Opa ist ganz verzweifelt, weil er so schwerhörig ist, dass er die Klaviermusik kaum hört. „Schwerhörigkeit macht einsam", erzählt er seinem Nachbarn. Von dem Lärm wird auch die kleine Özlem wach. „Sie ist eine richtige Siebenschläferin", erzählt Oma. „Während andere Kinder mit dem Dreirad fahren, schläft sie und träumt von den Elfen!" Nach dem Klavierspiel serviert Oma einen Schweinsbraten mit dreieckigen Serviettenknödeln. Und der schmeckt den zehn Gästen, hervorragend.

2. 1. c), 2. b), 3. a), 4. b);
3. 1. b), 2. b), 3. c), 4. c);
4. Blumentopf, Taschenbuch, Salatschüssel;

64 1. a), 2. a), 3. b), 4. c)

67 1. a) 29, b) ein Kuschelhase, c) Sophie, d) Johanna;
3. HDFGHÖLKMEGGHERLEDGESCHENKEASDFJKLÖPOIUQWERTK
GESCHENKEWEWRTZUNFNÖLELKFFHMLRPWSPSETLFGHHRES
GESCHENKENUUDMMEEMNJEGESCHENKEJKLÖASFJKLÖQWE
RUIOPTZQWERTZUIIKJÖKASWSEIUDEIDKMDDILLÖASEDKIEKS
FEEFKGESCHENKEIUZTREWQWERTZTREEWHGFDFGTRMKLOLO
GESCHENKEIUZTHJUMUZHOIKJUZNNJHZUHZHMHEUHDUERU
GESCHENKEOOPOIUZZTREWWQGFGESCHENKEJOPÜIJWUPER!

70 Die Sätze richtig gestellt heißen:
2. a) Keiner von ihnen wagte es mehr, aus dem Keller zu kommen. b) Sie hatten Angst, in die Klauen des Ungeheuers zu geraten. c) Die Mäuseschar beschloss, eine Konferenz abzuhalten. d) Als der Kater nicht im Haus war, hielten die Mäuse eine Versammlung ab.

75/76 1. b); 2. c); 3. b); 4. a); 5. a); 6. b); 7. c)
8. **a) jung an Jahren; b) teuer; c) nett; d) schmutzig;**

77/80 1. Jörg **ging** die Straße hinunter. Immer schneller **marschierte** er, bis er schließlich zu **laufen** anfing. Er hatte es plötzlich ganz eilig aus diesem Viertel zu verschwinden und **rannte** als wäre der Teufel hinter ihm her. Dieses Haus, in dem er übernachtet hatte, war einfach unheimlich.
Es geschahen die seltsamsten Dinge dort und die unmöglichsten Gestalten schlichen herum. Gestern Abend saß er auf der Terrasse, um sich ein wenig zu entspannen. Zuerst **wankte** ein Betrunkener vorbei. Er **stolperte** über seine eigenen Füße und fiel der Länge nach auf eine Katze, die im Dunkeln herum**tappte**. Die Katze fauchte und **sauste** davon. Danach **trippelte** eine ganze Schar Chinesen vorbei und gleich darauf **stapfte** ein alter Mann in einem zerlumpten Mantel vorbei. Er riss seinen Hut vom Kopf und bettelte um eine Spende, bevor er weiter **wanderte**. Das ging ja gerade noch, aber dann **schlenderte** eine ganz seltsame, zwielichtige Gestalt vorbei. Diese Gestalt war so groß und schwer, dass sie wie ein Elefant **trampelte**.
2. 1. a), 2. a), 3. b), 4. b);
5. a) schnell gehen: marschieren, eilen, sausen, rennen; laut gehen: trampeln; es passt nicht: schlafen.
b) unsicher gehen: stolpern, wanken; durch Wasser und Schmutz gehen: waten;
es passen nicht: sprechen und reden
c) auf Zehenspitzen gehen: schleichen, tappen; gemütlich gehen: bummeln, spazieren, schlendern: es passt nicht reiten
7. Der Satz lautet: Der Jäger stapfte durch den tiefen Schnee und fütterte das Wild.

82/83 1. Die Zeichnungen sind Hinweise auf den Textinhalt und helfen dir beim Auswendiglernen des Gedichtes. Solche Zeichnungen kannst du leicht selbst anfertigen.

3. a) das Glöcklein vom Nikolaus b) draußen vor dem Haus c) auf den Nikolaus
d) einen großen Sack e) damit er nicht so schwer trägt f) brav zu sein, braver als ich war

84/85 1. subtrahieren, kauft; 2. addieren, bekommt, 3. subtrahieren, hebt ab, 4. addieren, verkauft, 5. multiplizieren, sieben Mal, 6. dividieren, teilen auf, 7. multiplizieren, er kauft drei Beutel;

86/87 Aufgabe 1: 33 € + 20 € + 30 € = 83 €
Aufgabe 2: 27 – 7 – 5 = 15 Krapfen
Aufgabe 3: 4 € x 5 = 20 €
Aufgabe 4: 9 in 54 = 6 Bälle
Aufgabe 5: 7 x 8 = 56 Oma ist 56 Jahre alt; 8 + 56 + 3 = 67 Opa ist 67 Jahre alt

88 Aufgabe 1: 7 x 4 € = 28 €; 36 – 28 = 8 €; Josef bleiben 8 € übrig.
Aufgabe 2: 3 in 6 = 2 Kreise; 20 – 6 = 14; 14 Kinder bilden Paare; 2 in 14 = 7 Paare

90 1. a) Im Erdmittelalter, das war vor 200 Millionen Jahren
b) Man nimmt an, aufgrund eines Meteoriteneinschlags auf der Erde.
c) Sie legten Eier, die sie von der Sonne oder von der Erdwärme ausbrüten ließen.

91/93
1. ABCD
2. M
3. LMN
4. K; Vor L steht K, das ist doch klar!
5. EFG HIJ Reim;
6. EF IJ MN Die Buchstaben sind ähnlich.
7. O P Q; OPa trägt eine Qualle auf dem Kopf
8. R S T; klingt wie das Wort erst;
9. X Y Z;
10. UVW;
11. A B C D E F G H I J K L M N O P Q R S T U V W X Y Z
A B C D E F G H I J K L M N O P Q R S T U V W X Y Z
Z Y X W V U T S R Q P O N M L K J I H G F E D C B A

94 1. B, I, K, M, W, Z; 2. C, D, F, O, R, Y; 3. D, F, O, S, V, W; 4. I, J, M, N, O, P; 5. K, L, M, N, O, P; 6. B, G, J, K, R, T;

95 Auto, Banane, Clown, Dose, Emil, fischen, gehen, heiß, Igel, jagen, kaufen, lustig, Maus, Nuss, Opa, Pilz, Qualle, rau, still, Tisch, Unterhose, Veronika, Wolle, Xylofon, Ypsilon, Zeitung;

96 Abfall, Alkohol, Ameise, Biene, Bussi, Dach, Delfin, Erfolg, Euro, Fisch, Gabel, Haus, Henne, Jäger, Kind, Kleid, Loch, Motor, Nase, Nest, Oper, Rabe, Rune, Sessel, Tafel, Tuch, Uhr, Wasser, Zange, Zeppelin;

97/99 2. sehnsüchtig, gepackt, versammelt, springt, Sprungschanze, spazieren, begrüßt, schießt, Applaus, spazieren;

3. Eis, Film dein, Ost, ein, Bein, erst, du, er;
4. Oma, Ute, Olli, Sofa, Wurm, Rolle, roh, Sonne;
5. a) z. B.: Krokant, Krokette, Krokus, Krone, Kropf; b) z. B.: Lehm, Lehne, Lehre, Lehrer; c) z. B.: Fridolin, Friedberg, Friede, Friseur

101 3. ungläubig = zweifelnd
lecker = wohlschmeckend, appetitlich
nicht lockerlassen = nicht nachgeben
sich bemühen = sich anstrengen
etwas verfeinern = etwas verbessern, veredeln
etwas schmeckt ausgezeichnet = etwas schmeckt hervorragend, vorzüglich;

102 1. ging – gehen, besaß – besitzen, sprach – sprechen, nannte - nennen, blieb – bleiben, benutzte - benutzen, heißt – heißen, ließ – lassen, raschelte – rascheln, rief – rufen, bemerkt – bemerken, kam – kommen, lies – lesen, fand - finden, wagte – wagen, wollte – wollen, rauer – rau, liebte – lieben, ertrug – ertragen, sprang – springen, begrüßt – begrüßen, gefiel – gefallen, sang – singen, schwamm – schwimmen, turnte – turnen, fiel – fallen, log – lügen, gelogen – lügen

106/107 3. a), b), d);
4. Es gehören zusammen: 1f); 2h); 3a); 4g); 5b); 6c); 7e); 8d);

109/110 2. richtig ist: 1c); 2a); 3a); 4a)
3.

A	M	A	U	L	B	E	E	R	B	A	U	M	V
S	I	Y	X	C	V	B	T	E	W	Q	X	Ö	C
D	T	A	G	E	S	Z	E	I	T	U	M	G	B
F	T	X	Y	F	R	E	U	N	D	E	U	L	N
W	A	N	D	E	R	E	R	Z	U	I	O	I	A
J	G	Ä	S	T	E	X	G	V	H	K	P	C	C
K	S	C	H	A	T	T	E	N	U	P	Ü	H	H
R	S	T	A	D	T	X	W	R	J	Ö	Ä	K	M
U	C	F	Q	W	E	T	I	E	R	E	Y	E	I
H	H	E	R	Z	L	O	S	I	G	K	E	I	T
E	L	H	Y	C	R	Z	S	Z	P	Ü	O	T	T
L	A	L	Q	Y	A	Y	E	Q	W	H	R	T	A
Ö	F	E	T	E	W	A	N	S	D	L	R	T	G
Ä	P	R	E	C	H	T	Ö	L	J	E	N	B	V

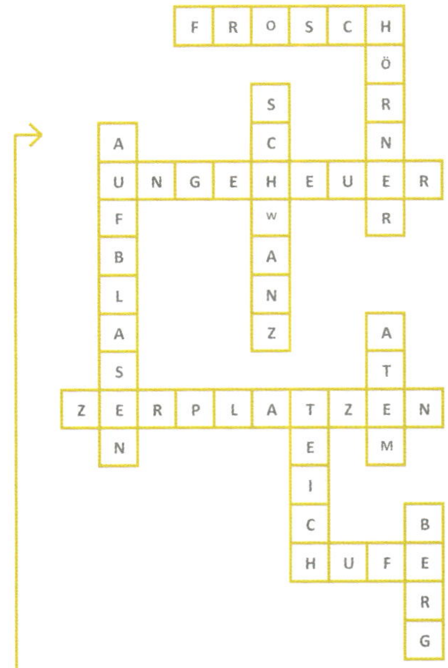

4. Zu Mittag sind die Schatten kurz, am Abend länger;
Grund: Der Winkel der Sonneneinstrahlung.

111/112 1. c), d);
3.

113 Geheimschrift: Super! Du hast das Lesetraining 3 geschafft und bist jetzt schon eine richtige Leseeule. Herzlichen Glückwunsch! Viel Spaß in den Ferien! Sofia

Liebe Lehrerinnen und Lehrer, liebe Erziehungsberechtigte!

Die Bildungsstandards geben an, welche Kompetenzen Schüler und Schülerinnen bis zu einer bestimmten Schulstufe erworben haben sollten. Sie dienen der Orientierung, helfen die Lernerfolge zu optimieren und sind eine Hilfe zur Selbsteinschätzung.

Dieses Buch hilft dem jungen Leser / der jungen Leserin gezielt dabei eine Lesekompetenz aufzubauen bzw. zu erwerben. Besonders geübt wird im Bereich der Lesekompetenz der Bereich „Textverständnis entwickeln".

Die Abkürzungen „ST" und „ST (H)" begleiten durch das Buch und zeigen Seite für Seite auf, welche Kompetenzen und Standards behandelt werden!

ST = Standards des Bereiches **„Lesen – Umgang mit Texten und Medien"**
ST (H) = Standards des Bereiches **„Hören, Sprechen und Miteinander-Reden"**

Standards des Bereiches „Lesen – Umgang mit Texten und Medien" (mit den dazugehörigen Kompetenzen) (ST)

ST 1 - Die Lesemotivation und das Leseinteresse festigen und vertiefen

Die Schülerinnen und Schüler können
- beim Vorlesen interessiert und bewusst zuhören,
- Bücher und Texte nach eigenem Interesse in verschiedenen Medien selbst auswählen.

ST 2 - Über eine altersadäquate Lesefertigkeit und ein entsprechendes Leseverständnis verfügen

Die Schülerinnen und Schüler
- können ihre Lesefertigkeit an einfachen Texten zeigen,
- verfügen über sicheres Leseverständnis auf der Wort- und Satzebene,
- können ihre Verlesungen korrigieren.

ST 3 - Den Inhalt von Texten mit Hilfe von Arbeitstechniken und Lesestrategien erschließen

Die Schülerinnen und Schüler können
- Arbeitstechniken und Lesestrategien zur Texterschließung anwenden,
- Informationen aus literarischen Texten sowie aus Sach- und Gebrauchstexten entnehmen,
- zur Klärung fehlender bzw. unzureichender Informationen zusätzliche Quellen, einschließlich elektronischer Medien nutzen,
- Informationen aus Texten miteinander vergleichen,
- Inhalte / Informationen aus Texten ordnen,
- den Verlauf einer Handlung erschließen,
- das Wesentliche eines Textes erfassen.

ST 4 - Das Textverständnis klären und über den Sinn von Texten sprechen

Die Schülerinnen und Schüler können
- ihr Textverständnis artikulieren und kommunizieren,
- den Sinn von Texten klären und auch nicht ausdrücklich genannte Sachverhalte verstehen,
- zu einem Text Stellung nehmen und ihre Meinung begründen.

ST 5 - Verschiedene Texte gestaltend oder handelnd umsetzen

Die Schülerinnen und Schüler können
- Einen Text sinngestaltend vortragen bzw. ihn umgestalten,
- Sach- und Gebrauchstexte für die Ausführung bestimmter Tätigkeiten verstehen und nutzen.

ST 6 - Formale und sprachliche Gegebenheiten in Texten erkennen

Die Schülerinnen und Schüler können
- einfache sprachliche und formale Gestaltungen sowie den Aufbau von Texten erkennen,
- Textsorten nach wesentlichen Merkmalen unterscheiden.

ST 7 - Literarische Angebote und Medien aktiv nutzen

Die Schülerinnen und Schüler können
- Bücher und Medien zur Gewinnung von Information und zur Erweiterung ihres Wissens nutzen,
- Literarische Angebote zur Erweiterung ihres Selbst- und Weltverständnisses sowie zur Unterhaltung nutzen.

Standards des Bereiches „Hören, Sprechen und Miteinander-Reden" (mit den dazugehörigen Kompetenzen) ST (H)

ST (H) 1 - Verständlich erzählen und anderen verstehend zuhören

Die Schülerinnen und Schüler können
- Erlebnisse zuhörerbezogen erzählen,
- über Begebenheiten und Erfahrungen verständlich sowie thematisch zusammenhängend sprechen,
- anderen aufmerksam zuhören.

ST (H) 2 - Informationen einholen und sie an andere weitergeben

Die Schülerinnen und Schüler können
- Informationen über Lebewesen, Gegenstände sowie Sachzusammenhänge einholen,
- Sachinformationen an andere weitergeben und dabei gelernte Fachbegriffe verwenden,
- Beobachtungen und Sachverhalte so darstellen, dass sie für Zuhörerinnen und Zuhörer verständlich werden.

ST (H) 3 - In verschiedenen Situationen sprachlich angemessen handeln

Die Schülerinnen und Schüler können

- können Situationen richtig einschätzen und sprachlich angemessen reagieren,
- verfügen über Sprachkonventionen für unterschiedliche Sprechakte.

ST (H) 4 - In Gesprächen Techniken und Regeln anwenden

Die Schülerinnen und Schüler können

- mit anderen zu einem Thema sprechen, es weiter denken und eigene Meinungen dazu äußern
- Gesprächsbeiträge aufnehmen und sie weiterführen,
- die eigene Meinung angemessen äußern und vertreten bzw. einsehen, wenn sie sich geirrt haben,
- sich an Gesprächsregeln halten, anderen respektvoll zuhören und sich fair mit deren Meinungen auseinandersetzen,
- in Konflikten gemeinsam nach Lösungen suchen.

ST (H) 5 - Sprachfähigkeiten erweitern und an der Standardsprache orientiert sprechen

Die Schülerinnen und Schüler

- verfügen in aktiver Sprachverwendung über einen altersadäquaten Wortschatz,
- können Formen von Wörtern und Sätzen standardsprachlich korrekt verwenden.

ST (H) 6 - Deutlich und ausdrucksvoll sprechen

Die Schülerinnen und Schüler können

- verständlich, ausdrucksvoll und an der Standardsprache ausgerichtet sprechen,
- Gestik, Mimik und Stimmführung zur Unterstützung sprachlicher Aussagen einsetzen.

Checkliste

Bildungsstandards

Nr.	Thema / Inhalte	Standards des Kompetenzbereiches „Lesen – Umgang mit Texten und Medien“ (ST)	Standards des Kompetenzbereiches „Hören, Sprechen und Miteinander-Reden“ ST (H)	Seite	erledigt
	Übersicht über die Textarten			7	
	Einführung			9	
	Eingangs-Lesetest			10	

Lesetechnik

Nr.	Thema / Inhalte	Standards des Kompetenzbereiches „Lesen – Umgang mit Texten und Medien“ (ST)	Standards des Kompetenzbereiches „Hören, Sprechen und Miteinander-Reden“ ST (H)	Seite	erledigt
1	Mit allen Sinnen lesen	ST 1, 2, 3	ST (H) 1	15	
2	Volltreffer	ST 1, 2, 3	ST (H) 1	18	
3	Uri, das Burggespenst	ST 1, 2, 3	ST (H) 1	20	
4	Michael auf Schloss Spukenstein	ST 1, 2, 3	ST (H) 1	25	
5	Satzzeichen	ST 2	ST (H) 1	27	
6	Die richtige Tonlage	ST 2	ST (H) 1, 6	30	

Lesetraining - Textverständnis

Nr.	Thema / Inhalte	Standards des Kompetenzbereiches „Lesen – Umgang mit Texten und Medien“ (ST)	Standards des Kompetenzbereiches „Hören, Sprechen und Miteinander-Reden“ ST (H)	Seite	erledigt
	Sinnzusammenhang				
1	Was riecht hier so verbrannt?	ST 1, 2, 3	ST (H) 1	31	
2	Gesunde Zähne	ST 1, 2, 3	ST (H) 1	35	
3	Wer macht was?	ST 1, 2, 3	ST (H) 1	37	
4	Dieser Reim klingt wunderbar!	ST 1, 2, 3	ST (H) 1	38	
5	Ein Leserätsel	ST 1, 2	ST (H) 1	39	
6	Ein Tierrätsel	ST 1, 2	ST (H) 1	40	
7	Alles über den Clown	ST 1, 2	ST (H) 1	41	
8	Verschiedene Berufe	ST 1, 2	ST (H) 1	42	
9	Katze Funny	ST 1, 2	ST (H) 1	44	
10	Viele Schulsachen	ST 1, 2	ST (H) 1	46	
11	Verrückte Sätze	ST 1, 2	ST (H) 1	47	
12	Wo sind die Mäuse?	ST 1, 2	ST (H) 1	48	
13	Kurzcomic „Goofy“	ST 1, 2, 3, 5	ST (H) 1, 4	49	

Sinnerfassung, Anweisungen aus einem Text entnehmen					
1	Ein lustiger Clown!	ST 1, 2, 3	ST (H) 1	53	
2	Wie stehen die Kleinbusse?	ST 1, 2, 3	ST (H) 1	54	

Konzentration, genaues Lesen					
1	Bibi Blocksberg	ST 1, 2, 3	ST (H) 1	55	
2	Im Schwimmbad	ST 1, 2, 3	ST (H) 1	59	
3	Versteckte Zahlen	ST 1, 2, 3	ST (H) 1	62	
4	Tiere auf dem Bauernhof	ST 1, 2, 3	ST (H) 1	64	
5	Weihnachtsbriefe von Felix	ST 1, 2, 3	ST (H) 1	65	
6	Ein Zungenbrecher!	ST 1, 2	ST (H) 1	68	

Wortschatzerweiterung, Lesesicherheit					
1	Die Konferenz der Mäuse	ST 1, 2, 3, 4	ST (H) 1, 4	69	
2	Mascha und der Bär	ST 1, 2	ST (H) 1	71	
3	Der Teufel und Katja	ST 1, 2, 3	ST (H) 1	73	
4	So viele verschiedene Wörter für „gehen“!	ST 1, 2, 3	ST (H) 1	77	

	Sach- und Informationstexte				
1	Es schneit (Gedicht)	ST 1, 2, 3	ST (H) 1	81	
2	Lieber Nikolaus (Gedicht)	ST 1, 2, 3, 5	ST (H) 1	82	
3	Knifflige Textaufgaben I	ST 1, 2, 3, 4		84	
4	Knifflige Textaufgaben II	ST 1, 2, 3, 4		86	
5	Knifflige Textaufgaben III	ST 1, 2, 3, 4		88	
6	Dinosaurier	ST 1, 2, 3, 5		89	

	Wörterbuchübungen				
1	Das Alphabet lernen	ST 3, 4		91	
2	Buchstaben alphabetisch ordnen	–		94	
3	Wörter alphabetisch ordnen	ST 1, 2, 3		95	
4	Wörter alphabetisch ordnen	ST 1, 2, 3		96	
5	Wörter richtig schreiben	ST 1, 2, 3		97	
6	Worterklärungen finden	ST 1, 2, 3		100	
7	Grund- bzw. Nennformen finden	–		102	